Deus tem um nome

Deus tem um nome

O que você
acredita sobre
Deus transforma
quem você é
de John Mark
Comer

Copyright © 2024 por John Mark Comer. Todos os direitos reservados.

Copyright da tradução ©2025, de Vida Melhor Editora LTDA. Todos os direitos reservados.

Título original: *God has a name*

Todos os direitos desta publicação são reservados por Vida Melhor Editora LTDA. Nenhuma parte desta obra pode ser apropriada e estocada em sistema de banco de dados ou processo similar, em qualquer forma ou meio, seja eletrônico, de fotocópia, gravação etc., sem a permissão dos detentores do copyright.

Todos os direitos reservados, incluindo o direito de reprodução completa ou parcial em qualquer formato.

Todas as citações bíblicas foram extraídas da Nova Versão Internacional (NVI), da Biblica Inc., salvo indicação em contrário.

TRADUTOR	Elissamai Bauleo
PREPARAÇÃO	Pedro Marchi
REVISÃO	Carolyne Larrúbia
ADAPTAÇÃO DE CAPA	Rafael Brum
DIAGRAMAÇÃO	Patrícia Lino

Dados Internacionais de Catalogação na Publicação (CIP)
(BENITEZ Catalogação Ass. Editorial, MS, Brasil)

C732d
1. ed.   Comer, John Mark
         Deus tem um nome : O que você acredita sobre Deus transforma quem você é / Jonh Mark Comer ; tradução Elissamai Bauleo. – 1.ed. – Rio de Janeiro : Thomas Nelson Brasil, 2025.

         304 p.; 13,5 x 20,8 cm.

         Título original: God has a name: whats you believe about god will shape who you will become.

         ISBN 978-65-5217-236-5

         1. Deus – Atributos. 2. Devoção a Deus. 3. Fé(Cristianismo). 4. Teologia. I. Bauleo, Elissamai. II. Título.

05-2025/18   CDD 230

Índice para catálogo sistemático:
1. Deus : Atributos : Cristianismo   230

Bibliotecária responsável:
Aline Graziele Benitez – Bibliotecária - CRB-1/3129

Os pontos de vista desta obra são de responsabilidade de seus autores e colaboradores diretos, não refletindo necessariamente a posição da Thomas Nelson Brasil, da HarperCollins Christian Publishing ou de suas equipes editoriais.

Thomas Nelson Brasil é uma marca licenciada à Vida Melhor Editora LTDA. Todos os direitos reservados à Vida Melhor Editora LTDA.

Rua da Quitanda, 86, sala 601A - Centro,
Rio de Janeiro/RJ - CEP 20091-005
Tel.: (21) 3175-1030
www.thomasnelson.com.br

O caminho

Êxodo 34:4-7 009
Prólogo: O Deus no topo da montanha 015

1. **Yahweh:** uma simples ideia que pode alterar radicalmente a forma como você se relaciona com Deus: um nome. 037

2. **Yahweh:** por que Deus precisa de um nome, afinal? Deus e os "deuses". 069

3. **Compassivo e misericordioso:** Deus como Pai e Mãe, e sua atitude fundamental para conosco: a misericórdia. 119

4. **Tardio em irar-se:** a razão pela qual, na verdade, ansiamos pela ira de Deus. 151

5. **Cheio de amor e de fidelidade:** Perseverantes na mesma direção em uma era de gratificação instantânea. 189

6. **Contudo, não deixa de punir o culpado:** o Deus que simplesmente não irá parar até que você seja completamente livre 217

Epílogo: Ciumento 255

Uma lição prática: Contemplação. 263

Agradecimentos 283

Sobre o autor 285

Notas. 287

Nota ao leitor:

Como a maioria das traduções da Bíblia, a NVI traduz o nome hebraico de Deus, "Yahweh", em português como o título de "o Senhor". Por razões que ficarão aparentes à medida que você lê este livro, adicionamos Yahweh em colchetes. Toda vez que o ler, lembre-se de que *Deus tem um nome.*

Êxodo 34:4-7

Assim Moisés lavrou duas tábuas de pedra semelhantes às primeiras e subiu ao monte Sinai, logo de manhã, como o SENHOR [Yahweh] lhe havia ordenado, levando nas mãos as duas tábuas de pedra.

Então o S<small>ENHOR</small> [Yahweh] desceu na nuvem, permaneceu ali com ele e proclamou o seu nome: o S<small>ENHOR</small> [Yahweh]. E passou diante de Moisés, proclamando: "S<small>ENHOR</small> [Yahweh], S<small>ENHOR</small> [Yahweh], Deus compassivo e misericordioso, paciente, cheio de amor e de fidelidade, que mantém o seu amor a milhares e perdoa a maldade, a rebelião e o pecado. Contudo, não deixa de punir o culpado; castiga os filhos e os netos pelo pecado de seus pais, até a terceira e quarta gerações."

Prólogo

O Deus no topo da montanha

Semana passada, um ateu se aproximou de mim e perguntou como eu poderia acreditar em um Deus que fazia os pais comerem os filhos.

Naturalmente, fiquei um pouco confuso. Muitas pessoas têm ideias estranhas sobre Deus, mas *canibalismo*? Para mim, era uma novidade.

Estava ministrando em um evento, e o tema daquele fim de semana era a Bíblia — com todas as suas estranhezas, mistérios, dramas, verdades e mentiras, violências e não violências, com seus animais de carga falantes, com um Messias que morre e com todo o seu aspecto vai-saber-lá-o-que-se-passa-com-*esta*-história.

O evento deveria ser para pastores e líderes religiosos, mas vários ateus invadiram a festa.

Acontece que muitas pessoas têm problemas com a Bíblia.

E um número ainda maior tem problemas com o próprio Deus.

Então, um homem, Micah, veio a mim com uma citação de Levítico. (Por que sempre o livro de *Levítico*?).

Ele acidentalmente tirara uma frase de seu contexto e a interpretara de forma errada. Acontece.

Tivemos uma boa conversa sobre como Deus não é realmente um canibal, mas então eu tive de interromper aquele bate-papo para dar continuidade à minha ministração. Mais tarde, contudo, me ocorreu que Micah — o ateu — e eu — o pastor —, embora conversássemos sobre Deus, ambos tínhamos ideias radicalmente diferentes sobre *quem Deus é*.

Para mim, Deus é o Criador de tudo o que é bom, belo e verdadeiro — o Deus sobre o qual leio nas Escrituras e vejo em Jesus de Nazaré.

Para Micah, Deus é um monstro sádico que fez os antigos hebreus comerem seus filhos.

Mesma Bíblia, *um Deus muito diferente.*

Então, algumas semanas atrás, meu filho Jude me perguntou sobre a ressurreição de Jesus. Ele queria saber se Jesus era um zumbi, como no filme *Guerra Mundial Z*.

Jesus, um zumbi?[1]

Agimos como se a palavra "Deus" fosse um denominador comum, mas não é.

Ao falarmos sobre Deus, descobrimos que as interpretações de quem ele é são extremamente variáveis.

No Ocidente, ainda vivemos com uma ressaca do nosso passado cristianizado. Houve um tempo em que, quando você dizia "Deus", as pessoas imediatamente pensavam no Deus sobre o qual lemos nas Escrituras e vemos em Jesus. A maior parte dos indivíduos chegaria às mesmas conclusões básicas sobre esse Deus.

Há muito, porém, esse tempo passou.

Hoje, quando digo "Deus", talvez você pense em uma série de coisas, dependendo de seu país de nascimento, idioma, religião, experiência na igreja, formação — e, é claro, se você tem TV a cabo ou não.

Tudo isso me leva à questão central deste livro: **quem é Deus?**

Não escrevo este livro para provar que Deus existe. Se você é ateu como o meu novo amigo Micah, bem-vindo à mesa; alegro-me por você estar aqui. Apenas saiba que não tecerei uma longa e enfadonha explicação de por que eu estou certo e você errado. Há muitas pessoas, *bem* mais inteligentes do que eu — do tipo que carrega um título antes do nome —, que já fizeram isso.

Só posso falar a partir da minha própria experiência e, para mim, a questão da existência de Deus nunca foi o problema. Já trilhei o caminho da dúvida, experimentei uma crise de fé — algumas, na verdade — refleti muito sobre Jesus e tive uma lista de questionamentos sobre a Bíblia, que se estendia de onde eu moro até a Flórida (moro em Portland — é uma caminhada e tanto). Dada a minha disposição natural, a existência de Deus sempre foi, para mim, uma verdade incontroversa e autoevidente.

Você esteve fora recentemente?

Para mim, a questão muito mais interessante sempre foi: "*Como* Deus *é*?".

Deus é "ele"?

Ou "ela"? Já pensaram nisso, irmãs…? Será que o pronome de Deus é neutro?

Ou é "isto"?

Porventura a árvore do meu jardim está cheia do divino?

Acaso *eu* estou cheio do divino?

Deus é mesmo uma pessoa? Ou ele/ela/eles/isto/a árvore/talvez-até-eu ou é mais uma força energética ou um estado de espírito?

Ou será que Micah está certo? Deus é apenas um mito, a herança de um mundo abandonando por todas as pessoas inteligentes e pensantes? Agora que temos ciência e tecnologia, "sabemos mais".

Suponhamos, por enquanto, que exista algum tipo de ser invisível, mas real, que fez tudo — e chamemo-lo, por enquanto, de "Deus". Nesse caso, *como* esse Deus *é*?

Gentil ou cruel?

Perto e envolvido com a minha vida ou distante e indiferente?

Rigoroso e tenso como um pregador fundamentalista, ou livre e tranquilo como um progressista gentil e educado?

Ele vota nos democratas ou é um republicano? Ou será que ele é do Partido Verde?

Que tal esta: o conceito de Deus ainda serve para o mundo? Cada vez menos pessoas respondem "sim". E se Deus e a religião forem apenas uma fonte inesgotável de violência, ódio, intolerância, hipocrisia e música muito ruim?

Quem é esse "Deus" que amamos, odiamos e adoramos; contra quem blasfemamos ou em quem confiamos; a quem tememos, em quem acreditamos, de quem duvidamos ou em nome de quem xingamos; a quem nos curvamos, contra quem fazemos piadas ou, na maioria das vezes, simplesmente ignoramos?

Eu diria que sua resposta a essa pergunta define quem *você* é.

A. W. Tozer, um escritor do século XX, fez uma afirmação surpreendente: "O que vem à nossa mente quando pensamos em Deus é a coisa mais importante a nosso respeito".[2]

Sério?

A coisa *mais* importante?

Mais do que nosso gênero, sexualidade, etnia, origem familiar, cidade natal, faculdade, nível de renda ou time de futebol?

Absolutamente.

Aqui está uma verdade que atravessa todo o universo: **nos tornamos semelhantes àquilo que adoramos**.

Tozer prossegue: "Tendemos, por uma lei secreta da alma, a nos mover em direção à nossa imagem mental de Deus [...].

Se pudéssemos extrair de qualquer homem uma resposta completa à pergunta: 'O que vem à mente quando você pensa sobre Deus?', poderíamos, com certeza, prever o futuro espiritual desse homem".[3]

Dito de outra forma, o que você pensa sobre Deus moldará o seu destino na vida.

Se você pensa em Deus como homofóbico, racista e furioso com o mundo, essa visão distorcida da realidade irá transformá-lo em um fanático religioso que é — adivinhe — homofóbico, racista e furioso com o mundo.

Se você pensa em Deus como um progressista da Costa Leste, educado e apoiador do movimento LGBTQI+, isso o moldará no estereótipo do boêmio rico, com o adesivo "Não toleraremos a intolerância" na parte traseira de seu automóvel híbrido.

(Não tome isso como uma ofensa. Estou escrevendo sobre metade dos meus vizinhos e amigos).

Se você pensar em Deus como a versão cósmica de um *coach* focado em "maximizar sua vida", sua visão o transformará em um "engravatado" viciado em sucesso pessoal, mesmo que você tente disfarçar isso com roupas elegantes e chame esse comportamento de "seguir Jesus". Você vê onde quero chegar?

O terrorista do ISIS decapitando o infiel, o famoso pregador do evangelho da prosperidade saindo de seu Hummer depois de coquetéis noturnos com Kanye West, o manifestante batista de Westborough do lado de fora de um funeral militar gritando frases odiosas, o hindu sacrificando uma cabra a Shiva, o feiticeiro africano sacrificando um menino, o atirador do Exército dos Estados Unidos orando a Deus antes de atirar, a ativista pacifista arriscando o pescoço para impedir *mais uma* guerra por acreditar nos ensinamentos de Jesus sobre o amor ao inimigo, o cantor gay que se levanta na premiação do Grammy e agradece a Deus por sua canção sobre um caso de uma noite, a freira católica desistindo de uma "vida normal" para viver na pobreza e trabalhar pela mudança social — todos esses homens e mulheres agem com base no que acreditam sobre Deus.

Então, sem dúvida, o que pensamos sobre Deus *é importante*.

Quem Deus é tem implicações profundas sobre *quem somos*.

Aqui está o problema: geralmente, acabamos com um Deus que se parece muito *conosco*. Como diz o ditado: "Deus criou o homem à sua imagem, e o homem, em um gesto de cortesia, retribuiu-lhe o favor".[4]

Há uma inclinação humana *em todos nós* para fazer Deus à nossa própria imagem.

Meu amigo Scot McKnight é professor de Novo Testamento em Chicago. Durante anos, ele ministrou aulas sobre Jesus e começou cada semestre com duas pesquisas. A primeira consistia em um conjunto de perguntas sobre o aluno: o que ele gosta, o que não gosta, suas opiniões e assim por diante. A segunda pesquisa continha o mesmo conjunto de perguntas, mas desta vez sobre Jesus. Segundo McKnight, em 90% das vezes, *as respostas eram exatamente as mesmas*.

Isso é revelador, não é?

Veja como você sabe se criou Deus à sua imagem: *ele concorda com você em tudo*. Ele odeia todas as pessoas que você odeia e vota na pessoa em quem você vota. Se você é republicano, ele também é; se é democrata, ele também é. Se você é entusiasmado por____, então Deus também é entusiasmado por___; se você é aberto e flexível em relação à sexualidade, ele também é. E, acima de tudo, ele é domável. Você nunca fica bravo com ele, nem fica impressionado com ele, nem tem medo dele, pois ele é *controlável*.

E, claro, ele é fruto da sua imaginação.

Muitas vezes, o que acreditamos sobre Deus diz mais a nosso respeito do que a respeito de Deus. Nossa teologia é como um espelho da alma, pois nos mostra o que está lá no fundo do nosso ser.

Talvez a verdade seja que queremos um Deus controlável porque *queremos* ser Deus. *Nós* queremos ser a autoridade sobre quem Deus é ou não, sobre o que é certo ou errado; também queremos que a máscara da religião ou da espiritualidade cubra a realidade do eu-quero-ser-Deus.

A tentação mais antiga e primordial, que remonta a Adão e Eva no Jardim, é decidir por nós mesmos como Deus é, se devemos viver de acordo com a sua visão do florescimento humano ou criar a nossa própria versão. Deste modo, seremos "como Deus, conhecedores do bem e do mal".[5]

É por isso que a teologia é tão incrivelmente importante.

A palavra *teologia* vem de duas palavras gregas: *theos*, que significa "Deus", e *logos*, que significa "palavra". Simplificando, teologia é uma "palavra sobre Deus". É o que nos ocorre à mente quando pensamos em Deus.

Não é como se alguns de nós gostássemos de teologia, e outros não. *Todos nós* temos uma teologia. *Todos nós* temos pensamentos, opiniões e convicções sobre Deus. Para o bem ou para o mal, de modo certo ou errado, brilhante ou perigoso — todos nós teologizamos.

Entretanto, o problema é que muito do que pensamos sobre Deus está simplesmente errado.

Sei que estou sendo direto demais, mas não sei como expressar isso de outra forma.

Muito do que lemos nas notícias, vemos na televisão ou ouvimos nas ruas sobre Deus e a maneira como ele trabalha está errado. Talvez não *de todo* errado, mas errado o suficiente para atrapalhar a forma como vivemos.

No mundo moderno, começamos com a suposição de que sabemos como Deus é, e em seguida julgamos cada religião, igreja, mensagem ou livro com base na nossa visão de Deus.

Há algum tempo, li uma entrevista na *Rolling Stone* com uma celebridade que disse ter crescido na igreja, abandonando-a na faculdade porque "não podia acreditar em um Deus que limitaria o sexo a um homem e uma mulher por toda a vida".[6]

O alarmante para mim não foi o trecho a respeito do sexo; afinal, é *este* o mundo em que vivemos. Além disso, o entrevistado em questão era uma estrela do rock...

O alarmante para mim foi a reviravolta bizarra da lógica.

Eu não posso acreditar em um Deus que_____?

É como se o que pensamos e sentimos sobre Deus fosse um barômetro preciso de como ele realmente é!

Os escritores bíblicos abordam a questão ao contrário: de Moisés a Mateus, eles simplesmente partem do pressuposto de que *não temos ideia de como Deus é*. Na verdade, muito do que pensamos sobre Deus é totalmente errado. Se a história nos ensina alguma coisa é que a maioria está geralmente errada.

E não pense que só por ser religioso — ou mesmo um cristão — você está fora de perigo. Jesus passou a maior parte do seu tempo ajudando as pessoas religiosas a enxergarem que muito do que pensavam sobre Deus também estava errado.

Ouvistes o que foi dito...

Eu, porém, vos digo...

Ou, então, Jesus começava um ensinamento da seguinte forma: "O reino de Deus é semelhante a...", contando uma história que estava radicalmente em descompasso com a forma como as pessoas de sua época pensavam.

Para Jesus, bem como para todos os escritores bíblicos, o ponto de partida para toda teologia é a compreensão de que:

não sabemos como é Deus, mas podemos aprender.

Mas, para aprender, temos de ir à fonte.

E isso significa que precisamos de revelação. Caso contrário, acabaremos adotando todo o tipo de ideias errôneas, tolas, falsas e até tóxicas a respeito de Deus.

Por "revelação", não me refiro ao último livro da Bíblia* ou aos gráficos da década de 1970 sobre o fim do mundo. O que quero dizer é que o próprio Deus tem de nos revelar como ele é. É preciso que ele puxe a cortina do universo e nos deixe espiar o que há por trás. Mas o problema é o seguinte: a revelação, por definição, costuma ser uma *surpresa*, uma reviravolta na história, uma ruptura com o *status quo*. Então, quando Deus se revela, quase sempre é diferente do que esperamos.

Tudo isso nos leva a Moisés, no topo do monte Sinai.

Sim. É para lá que estamos indo.

Sou seguidor de Jesus, não um muçulmano, hindu, budista ou cavaleiro Jedi (infelizmente). Por isso, tudo o que penso sobre Deus se dá pelas lentes das Escrituras e do próprio Jesus.

A Escritura é antes de tudo uma história, e uma história sobre Deus. Queremos fazer dela uma história sobre *nós* — sobre como progredir na vida, ter uma vida sexual gratificante, aumentar o nosso portfólio ou apenas ser feliz. E sim, há vários "princípios de sucesso" na Bíblia, mas, sinceramente, eles não são a essência da história.

Se cavar a Bíblia até chegar a seu núcleo, veremos que ela é uma história sobre Deus e sobre como nós, enquanto seres humanos, nos relacionamos com Deus.

E, na história, há momentos culminantes em que a porta se abre e temos um vislumbre totalmente novo, convincente e às vezes aterrorizante de quem Deus é.

Muitas vezes, esses momentos acontecem em uma montanha.

Se você já leu a Bíblia, sabe que o segundo livro se chama *Êxodo*.[7] O cenário do livro é Israel no deserto, recém liberto da escravidão do Egito e a caminho da liberdade em uma nova terra. No entanto, trata-se de uma jornada acidentada, para dizer o mínimo.

À frente do povo de Deus está o profeta Moisés, que tem uma relação totalmente única com o Criador. Lemos que Deus "falava com Moisés face a face, como quem fala com seu amigo".[8]

Em Êxodo 33, ouvimos uma conversa entre Moisés e Deus. Moisés pede a Deus que acompanhe os israelitas a cada passo do caminho e, a certa altura, ele pede: "Por favor, deixa que eu veja a tua glória".[9]

Na literatura hebraica antiga, como em *Êxodo*, falar da glória de Deus era falar de sua *presença e beleza*.[10] Moisés pede para ver Deus como ele realmente é, para vê-lo em pessoa.

Para Moisés, o conhecimento intelectual não é suficiente; ele quer *experimentar* Deus.

Deus graciosamente diz a Moisés que ele não poderá ver o seu rosto ou morrerá, "porque ninguém poderá ver-me e continuar vivo".[11] Contudo, Deus lhe oferece algo ainda melhor, prometendo: "Diante de você farei passar toda a minha bondade, e diante de você proclamarei o meu nome: o Senhor [Yahweh]".[12]

Assim, *Deus...*

...tem um *nome.*

Na manhã seguinte, Moisés acordou cedo e subiu ao topo do monte Sinai. Então, lemos um dos parágrafos mais surpreendentes de toda a Bíblia:

"Então o Senhor [Yahweh] desceu na nuvem, permaneceu ali com ele e proclamou o seu nome: o Senhor [Yahweh]. E passou diante de Moisés, proclamando: 'Senhor [Yahweh], Senhor [Yahweh], Deus compassivo e misericordioso, paciente, cheio de amor e de fidelidade, que mantém o seu amor a milhares e perdoa a maldade, a rebelião e o pecado. Contudo, não deixa de punir o culpado; castiga os filhos e os netos pelo pecado de seus pais, até a terceira e a quarta gerações.'"[13]

Esse é um daqueles momentos decisivos em que *tudo* muda. É um dos poucos lugares em toda a Bíblia em que Deus se autodescreve, em que essencialmente diz: "É assim que eu sou". Pense nisso como uma declaração de autorrevelação de Deus, seu comunicado de imprensa ao mundo.[14]

Por causa disso, talvez se trate da **passagem mais citada** da **Bíblia,** pela **Bíblia**.[15]

Os escritores bíblicos, *vez após vez*, retornam a essa passagem — muitas vezes, por sinal! Figuras como Moisés e Davi, Jeremias e Jonas — cada um cita, alude, ora, cria cânticos, reivindica e até lamenta esse texto. Acima de tudo, eles *creem* nessa revelação.

A passagem representa um marco zero para uma teologia de Deus.

O que me impressiona, no entanto, é como essa passagem é muito diferente do que alguém esperaria.

Para aqueles de nós que vivemos no Ocidente, tendemos a pensar em Deus nas categorias da filosofia. Escolha um livro sobre Deus, e muitas vezes ele começará com os *omnis*...

Deus é onipotente (todo-poderoso).

Deus é onisciente (conhece todas as coisas).

Deus é onipresente (está em todos os lugares ao mesmo tempo).

Todas essas declarações são verdadeiras, e eu creio nelas.[16] Mas veja, o problema que eu enxergo é este: quando Deus se autodescreve, ele não começa com o quão poderoso ele é, ou como sabe de tudo o que há para saber, ou como existe desde antes do tempo e do espaço e não há ninguém semelhante a ele no universo.

Isso tudo é verdade, mas, aparentemente, para Deus, não se trata do que é mais importante.

Quando Deus se autodescreve, ele começa com o seu *nome*, seguido pelo que chamamos de seu *caráter*: ele é compassivo e gracioso; demora para se irritar; é abundante em amor e fidelidade, e a lista continua...

O que faz sentido! Começar com os *omnis* é como se alguém perguntasse sobre a minha esposa e eu respondesse que ela tem 33 anos, 1 metro e 60 centímetros, 50 quilos, cabelo preto, olhos castanhos, ascendência latino-americana...

Tudo isso é verdade; contudo, se você ficasse ali sentado enquanto eu contasse todos esses fatos sobre a minha esposa, meu palpite é que em algum momento você me interromperia e perguntaria: "Sim, mas como ela *é*? Fale-me sobre *ela*. Como é a personalidade dela? Ela é descontraída ou tímida? O que fez você se apaixonar por ela? O que faz ela ser *ela*?".

Na maioria das vezes, é assim que falamos acerca de Deus — recitamos um monte de coisas a seu respeito que são verdadeiras, mas não são as coisas que fazem ele ser *ele*.

É por esta razão que a passagem de Êxodo é uma lufada de ar fresco: acontece que Deus é melhor do que qualquer um de nós poderia imaginar.

Talvez você já tenha lido essa passagem antes, de forma rápida, ou talvez não se lembre dela, mas ela é central na história bíblica. Os rabinos a consideram extremamente importante.

Na cultura judaica, esse trecho de Êxodo é conhecido como os "Treze Atributos da Misericórdia", e os judeus ortodoxos a recitam em dias sagrados como o *Yom Kippur*, antes da leitura da Torá e na sinagoga.[17] A passagem equivale ao João 3:16 do judaísmo. Se você já está algum tempo na igreja, provavelmente conhece João 3:16 de cor: "Porque Deus amou o mundo de tal maneira...". Curiosamente, porém, pouco ou nada é dito na maioria das igrejas sobre Êxodo 34:6-7, embora talvez seja a passagem mais citada *na* Bíblia, *pela* Bíblia.

Vamos mudar isso, certo?

Aqui, então, está o mapa do nosso trajeto neste livro...

Falaremos de Êxodo 34:6-7 *linha por linha*, reservando um tempo para mergulhar nossa imaginação em cada palavra. Cada capítulo será mais ou menos assim:

Na parte UM do capítulo, trataremos sobre o original hebraico. É incrível o que você pode encontrar quando se aprofunda no idioma.

Na parte DOIS do capítulo, veremos uma ou duas histórias nas quais a passagem é citada por autores bíblicos posteriores — histórias em que vemos Deus manifestando o seu caráter.

Em seguida, na seção TRÊS, passaremos para Jesus. Como seguidor de Jesus, acredito firmemente que o poderoso Deus do monte Sinai — aquele com trovões, relâmpagos, fogo, fumaça e uma voz estrondosa — tornou-se humano na forma de Jesus de Nazaré. Por meio de Jesus, podemos compreender mais claramente do que nunca como Deus realmente é.

Finalmente, na seção QUATRO, refletiremos sobre como a compreensão de *quem Deus é* impacta *a nossa própria identidade*. Exploraremos como essa compreensão pode transformar nossa vida, libertando-nos dos grilhões que nos limitam e permitindo-nos experimentar a vida rica, desafiadora e estimulante que Deus planejou para nós, conforme demonstrado por Jesus.

Isso lhe parece um bom plano?

Espero que você esteja sentado aí pensando: *sim, vamos começar*!

Agora, antes de encerrarmos esta salva inicial, deixe-me colocar todas as minhas cartas na mesa.

Escrever um livro sobre Deus é assustador. Quem sou *eu*? Não se trata só de uma tarefa difícil, mas penso também no que está em jogo.

Você pode ler este livro e ter uma visão *errada* de Deus, o que não seria apenas um leve erro da minha parte.

Ou você poderia ler este livro e reformular radicalmente a maneira como se relaciona com Deus e, ao fazê-lo, remodelar toda a sua vida.

Então, enquanto digito estas palavras, sinto a pulsação e o acelerar do meu coração agitando meu peito — essa sensação de que *tenho* de escrever sobre o assunto. Mas também sinto esse peso nos ombros, essa gravidade e seriedade, essa sensação de que preciso acertar.

Então, farei o meu melhor. Mas, convenhamos… eu não sou Deus.

E mesmo que eu fosse Deus, e este livro fosse um registro da minha conversa com John Mark Comer, você ainda teria dúvidas, assim como Moisés, Jó, Habacuque, Pedro e todos os demais que já se encontraram com o Deus que é totalmente transcendente.

Há um mistério em Deus que nunca desvendamos. Afinal, estamos lidando com um ser totalmente diferente de qualquer outro no universo.

Não é como se você fosse terminar de ler este livro, recostar-se na cadeira e pensar consigo mesmo: *agora eu entendo*.

Não é assim que funciona.

Em determinado momento em *Êxodo*, Moisés pergunta a Deus o seu nome, e Deus lhe responde: "EU SOU O QUE SOU".[18]

Sejamos sinceros: essa resposta, *na prática*, não esclarece muita coisa, não é mesmo?

Deus pode ser misterioso, vago, evasivo e, às vezes, difícil de ser entendido. Havia uma nuvem no topo do monte Sinai, não um esquema de engenharia. E todos foram convidados a subir no monte, mas só Moisés teve a coragem de subir e entrar na nuvem.

Por isso, penso que devemos começar com a oração de Moisés: *peço-te que me mostres a tua glória*.[19]

Mesmo que tudo o que vejamos seja um vislumbre e tudo o que ouçamos seja um eco, a caminhada vale mais do que a pena.

No entanto, antes de iniciarmos a jornada, pergunte a si mesmo: *tenho coragem de entrar na nuvem?*

Uma coisa é lermos um livro sobre Deus; outra coisa é escalarmos uma montanha no meio do deserto e mergulharmos de cabeça na escuridão, despirmo-nos de nós mesmos e entregarmo-nos a uma vida de busca por Deus, perigosa e arriscada, do tipo "não vou parar por nada neste mundo".

Espero que este livro lhe dê a coragem para escalar a montanha, não importa o que você encontre no topo.

Capítulo 1
Yahweh

"**Senhor** [Yahweh], **Senhor** [Yahweh], Deus compassivo e misericordioso, paciente, cheio de amor e de fidelidade, que mantém o seu amor a milhares e perdoa a maldade, a rebelião e o pecado. Contudo, não deixa de punir o culpado; castiga os filhos e os netos pelo pecado de seus pais, até a terceira e a quarta gerações."

Uma simples ideia que pode alterar radicalmente a forma como você se relaciona com Deus: um nome

Deus, então, tem um nome.

E, só para esclarecer, não é *Deus*.

É Yahweh.

Talvez essa informação não soe importante, como se fosse apenas um problema semântico. Mas, confie em mim, não é. O fato de Deus ter um nome é *muito mais* importante do que a maioria de nós percebe. Na verdade, argumentarei que esse fato tem o potencial de alterar radicalmente a forma como nos relacionamos com Deus.

Isto é, com *Yahweh*.

Mas, primeiro, uma história para contextualizar...

Em escritos antigos como a Bíblia, um nome era muito mais do que um rótulo usado para reservar uma mesa de jantar, inscrever-se em uma aula de dança ou preencher a declaração do imposto de renda.

Seu nome era a sua identidade, o seu destino, a verdade registrada em seus ossos. Tratava-se de um termo resumindo o que há de mais verdadeiro sobre você, sua essência interior — sua "Fulanidade", por assim dizer. Segundo um estudioso do Antigo Testamento: "No mundo das Escrituras hebraicas, muitas vezes pensava-se que um nome pessoal indicava algo essencial sobre a identidade do portador — sua origem, circunstâncias de nascimento ou o propósito divino a ser cumprido pelo portador".[1]

Nomes são reveladores da *natureza* de uma pessoa.

Pense na história de Abraão. Originalmente, ele se chamava apenas Abrão. No entanto, Yahweh lhe fez uma promessa: "Eu o constituí pai de muitas nações. Eu o tornarei extremamente prolífero; de você farei nações e de você procederão reis".[2]

E então Deus o *renomeia* —

de Abrão

para *Abraão*.

Agora, observe o seguinte:

Abrão significa "pai exaltado".

Abraão significa "pai de muitas nações".

É mais do que um novo rótulo: trata-se de uma nova identidade, um novo destino.

Não se trata apenas de um novo afixo. Pense em Isaque, o filho de Abraão. Isaque significa "riso". Quando sua mãe, Sara, soube que teria um filho na velhice, a informação foi tão absurda que ela começou a rir. Então, quando Sara finalmente deu à luz a criança milagrosa, Abraão lhe deu o nome de *Riso*.

Ou pense no filho de Isaque, Jacó. Jacó significa "o que agarra o calcanhar", um eufemismo para mentiroso e trapaceiro. E sua biografia é exatamente essa, uma página após a outra. O nome de Jacó faz jus ao seu comportamento até que, em uma estranha história, ele luta com Deus e diz: "Não te deixarei ir, a não ser que me abençoes".[3] Então Deus o *renomeia*, de Jacó para Israel, cujo significado é: "ele luta com Deus". A partir daí, Jacó é um homem transformado.

A ideia está começando a fazer sentido para você? Ficando mais clara? Os nomes eram muito mais do que rótulos pelos quais um garçom identifica o copo de café de um cliente. Os nomes eram uma autobiografia contida em uma única palavra.

Então, quando Moisés está no monte Sinai, pedindo para ver a glória de Deus, mas, em vez de conceder esse desejo, Yahweh diz: "Diante de você proclamarei o meu nome: o Senhor [Yahweh]",[4] trata-se de um momento incrivelmente importante e significativo. Deus está dizendo que revelará a sua *identidade* a Moisés. Yahweh deixará Moisés conhecer a essência de sua divindade, a realidade mais profunda de seu ser.

E esse momento culminante de revelação não surge do nada, mas representa o ápice de uma longa história em desenvolvimento, na qual Yahewh vem ganhando tração e velocidade desde a primeira página da Bíblia.

DOIS: Histórias

Dediquemos alguns minutos para traçar essa história através das Escrituras...

Na primeira linha de Gênesis lemos: "No princípio Deus criou os céus e a terra".

Antes do tempo e do espaço, de Adão e Eva, do sexo, do sorvete, de Nova Iorque e do Instagram, existia um Deus que *era*.

Até esse ponto na história, porém, esse misterioso Criador-de-tudo não tinha um nome. Mais tarde, em Gênesis, o Criador se aproxima de Abrão, chamando-o a abandonar a adoração de seus deuses mesopotâmicos e a ir para uma nova terra — ou seja, chamando-o a empacotar tudo em um caminhão de mudanças e seguir pela via expressa em direção ao sul, sem saber para onde está indo. Um gigantesco ato de fé.

Abrão vai.

E Abrão se torna Abraão.

O relacionamento de Abraão com o Criador é impressionante, tão impressionante que três das principais religiões do mundo têm as suas raízes no encontro de Abraão com Deus.[5] No entanto, o próprio Abraão nunca soube qual era o nome de Deus.

Quando Deus se aproxima de Abraão, ele diz: "Eu sou o Deus Todo-Poderoso".[6]

Na língua original: "Eu sou *El-Shaddai*".

El era a palavra cananeia para o rei dos deuses.

O Criador se autodenomina *El-Shaddai*, que é uma forma de dizer: "Sou como *El*, mas *muito mais*".

Em outros lugares, Deus chama a si mesmo de *"El-Elyon"* (Deus Altíssimo)[7] ou *"El-Olam"* (Deus Eterno),[8] se comunicando em uma linguagem que faria sentido para Abraão e seu mundo.

Normalmente, Deus é chamado apenas de "o Deus de Abraão".

Qual deus?

O Deus que meu pai adorava.

Ah, *aquele Deus*.

Tudo isso muda quando Moisés entra em cena. Em uma das histórias mais conhecidas da Bíblia, o Criador chama Moisés a partir de uma sarça em chamas, no calor escaldante da Península do Sinai. Moisés era hebreu — um dos descendentes de Abraão — e, neste ponto da história, os hebreus se encontravam em uma situação difícil, uma situação de escravidão no Egito, a superpotência militar e global da época.

Então, o Criador vem a Moisés e diz: "Eu sou o Deus de seu pai, o Deus de Abraão, o Deus de Isaque e o Deus de Jacó".[9]

(Em essência: "Eu sou o deus do seu pai").

Em seguida, Deus e Moisés iniciam uma conversa. Sim, você me ouviu direito: uma *conversa*, a primeira de muitas. Deus diz a Moisés que vê a injustiça contra Israel e a opressão dos israelitas, e que está pronto para fazer algo a respeito. Ele quer que Moisés os liberte da escravidão.

E a resposta de Moisés é, basicamente: *"Espere... o quê!?"*.

Mas depois de Deus convencer Moisés a realizar a tarefa (Deus pode ser bastante convincente), Moisés quer saber o que deveria dizer aos israelitas quando lhe perguntassem sobre esse Deus. Aparentemente, apresentar-se para eles e dizer que o *Deus de meu pai quer libertar Israel* simplesmente não teria cabimento.

Assim, Moisés faz uma pergunta fascinante. Em hebraico, é: *"mah shemo?"*, e sua tradução é: "Qual é o nome dele?".[10]

Nesse ponto, se você fosse um leitor hebreu da antiguidade, seus ouvidos passariam a ficar bem atentos, pois não se trata da maneira típica pela qual perguntamos o nome de alguém. Se você morasse em um campo de refugiados hebreus em 1500 a.C., ao se aproximar de um estranho, você perguntaria: *"Miy shimka?"*, cuja tradução mais literal é: *"Quem* é o seu nome?".[11]

Mas não é isso o que Moisés pergunta, e sim: *"Mah shemo?"*.

P 042

E, como todos nós sabemos, a diferença entre um *miy shimka?* e um *mah shemo?* é simplesmente lendária.

Mah shemo? significa algo do tipo: "Qual é o significado do seu nome?", "qual é a importância do seu nome?" ou "o que faz de você... você?".

Moisés não pede apenas por um rótulo, como Bob, Hank ou Lazer. (Conheço mesmo um rapaz chamado Lazer; legal, não é mesmo?). Ele está perguntando ao Deus Criador: "Quem é você? Como você é? Conte-me sobre o seu caráter".

É aí que o Criador fala o seu nome — pela primeiríssima vez. Imagino que o chão tremeu sob os pés de Moisés...

"Eu sou o que sou".

Em hebraico: *ehyeh-asher-ehyeh*.

Uma das maneiras de se traduzir essa frase hebraica é: "tudo o que eu sou, eu serei" — isto é, seja lá como for esse Deus, ele é assim consistentemente: ele é imutável, estável, 24 horas por dia, 7 dias por semana.

Assim, por exemplo, se Deus é compassivo, *então ele é compassivo o tempo todo*.

Se Deus é gracioso, *então ele é gracioso o tempo todo*.

Se ele demora para ficar irado, *então ele demora a ficar irado o tempo todo*.

Você já pensou que conhecia uma pessoa muito bem? Confiou nela profundamente? Pensou que era íntegra, mas, então, recebe um e-mail, um telefonema, uma batida na porta e descobre uma vida dupla alarmante, escondida nas sombras?

Na verdade, seu amigo é procurado pela polícia.

Na verdade, a história que ele lhe contou é mentira.

Na verdade, seu marido é um traidor.

Deus não é assim; nele não há fachada. Com ele, não existe algo do tipo: "espere até conhecê-lo de verdade". Ele é fiel ao seu caráter. Esse é um Deus em quem você pode confiar.

Deus, então, diz a Moisés o seu nome e depois lhe dá a ordem para voltar ao Egito e transmitir aos hebreus o seguinte:

"Diga aos israelitas: O Senhor [Yahweh], o Deus dos seus antepassados, o Deus de Abraão, o Deus de Isaque e o Deus de Jacó, me enviou a vocês.

> Esse é o meu nome para sempre,
> > nome pelo qual serei lembrado
> > de geração em geração".[12]

Para aqueles que estão pensando: espere, estou confuso. *Por que Deus é chamado de* Yahweh *aqui? Achei que o nome dele fosse* "Eu sou o que sou"...

Tudo bem, acompanhe o meu raciocínio, pois a próxima parte é um pouco técnica; na verdade, é *muito* técnica. Mas persevere, já que, se você sobreviver às próximas duas páginas, valerá a pena...

No hebraico antigo, não havia vogais na língua escrita. Parece loucura, mas imagine um mundo sem computadores, papel ou canetas, um mundo no qual você tinha de esculpir cada letra em argila ou pedra. Escrever era uma questão de economia, daí a razão da escrita sem vogais.

Suponhamos que eu escrevesse: "Crstl trnsprnt".

Você consegue ler?

Sim...

Bom trabalho.

O que escrevi foi: "Cristal transparente".

Assim é ler o hebraico antigo.

(Alguns de vocês estão pensando: "eu jamais quero ler hebraico antigo!". Isso é compreensível).

Eis o porquê de essa informação ser importante: no nome de Deus, Yahweh, as vogais não estão no texto original. A Bíblia Hebraica apenas diz: "Y-H-W-H". Apenas quatro letras.

Os estudiosos o chamam de *tetragrama*, que era o nome da fonte de energia usada pelo Doutor Brown para o capacitor de fluxo em *De Volta para o Futuro*. Essa última parte é brincadeirinha.

Tetragrama é um termo grego que significa "palavra de quatro letras" (e não um palavrão).

YHWH [Yahweh] vem exatamente da mesma raiz de Eu sou o que sou, mas *ehyeh* está na primeira pessoa, e

Yahweh, na terceira pessoa.[13] Pronuncie "Yahweh" e "ehyeh" em voz alta agora mesmo e você notará a semelhança.

Deste modo...

Ehyeh significa "eu sou".

Yahweh significa "ele é".

Portanto...

Quando Deus pronuncia seu nome, é *ehyeh*.

Mas quando nós pronunciamos o nome de Deus, é *Yahweh*.

Faz sentido?

Observe, no entanto, que YHWH ou Yahweh é incrivelmente difícil de se traduzir, e isso por alguns motivos. Para começar, não sabemos realmente quais são as vogais, já que elas nunca foram escritas. Quase todos os estudiosos do hebraico acham que Yahweh é a pronúncia certa, mas, honestamente, trata-se apenas de um bom palpite.

Entretanto, a principal razão é que, com o tempo, os hebreus pararam de dizer o nome de Deus em voz alta. Um dos Dez Mandamentos é: "Não tomarás em vão o nome de Yahweh, o teu Deus".[14] Com o passar dos anos, os israelitas ficaram com tanto medo de quebrar acidentalmente esse mandamento que simplesmente pararam de pronunciar o nome de Deus.

Em vez disso, então, eles passaram a chamá-lo por outros nomes. Um dos mais usuais era *hashem*, "o nome". Mas o título mais comum passou a ser *adonai*, palavra hebraica cujo significado é "Senhor". No antigo Oriente Próximo, era assim que um servo chamava o seu mestre, de modo que os hebreus passaram a usar esse título como referência a Deus.

É daí também que vem o nome "Jeová". Você já ouviu esse termo como referência a Deus? Seu auge foi na década de 80.

"Jeová" corresponde com as vogais de *adonai* posicionadas em meio às consoantes de YHWH. Desta forma:

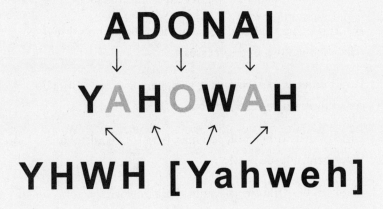

(Observação: o hebraico é uma língua gutural, então os sons de "y" são como "j", e os sons de "w" são como "v"; daí *Jeová* em vez de *Yahowah*. Pensem na língua klingon,* vocês que são fãs de *Star Trek*).

Ok, estamos *quase* lá. Continue comigo!

Por causa da mudança judaica para *adonai*, geralmente Yahweh é traduzido por "o Senhor". É assim que a grande maioria das traduções escreve o nome de Deus, e é assim que a maioria dos seguidores de Jesus o chama. Ouvimo-lo em orações, canções, ensinamentos e livros — está por toda a parte.

Na minha opinião, é uma atitude perigosa, que pode fazer-nos perder uma faceta fundamental na forma como nos relacionamos com Deus. Por quê? Porque "o Senhor" não é um nome, mas um título, tal como "médico", "juiz" ou "presidente". Chamar Deus de "o Senhor" é como chamar a minha esposa Tammy de "a esposa". Isso seria *estranho*; afinal, estou em um relacionamento próximo com ela, e "a esposa" não reflete uma linguagem de intimidade.

A forma como você se dirige a alguém diz muito sobre o seu relacionamento com essa pessoa.

Para minha esposa, sou *amor*, mas, para a recepcionista do consultório do dentista, sou o *Sr. Comer*.

Para os meus filhos, sou *pai*, mas, para o balconista do supermercado, sou *senhor*.

Também sou filho/irmão/amigo/cara/ei, você!/pastor/reverendo/J.M./e — o meu menos favorito de todos os tempos — *John-O!* Cada um desses nomes diz algo sobre o tipo de relacionamento que tenho com outra pessoa.

O nome da minha irmã é Elizabeth. Seu porte é de modelo, uma loura alta e linda que mora em Hollywood. Seu nome é majestoso e combina com a sua pessoa. Contudo, eu nunca a chamo de Elizabeth. Eu a chamo pelo apelido de infância: Bete. Não importa quantos anos tenhamos, ainda sou seu irmão mais velho e teimoso. Ela *odeia* quando a chamamos de Bete. (Se Elizabeth ler este livro, é possível que eu fique sem ganhar presentes de Natal nos próximos cinco anos). No entanto, sou o irmão dela. Uma lei não escrita do universo diz que tenho o direito de chamá-la pelo apelido que escolher.

Por quê? Porque tenho um relacionamento especial com a minha irmã. Logo, não a chamo de Sra. Mosser, mas de Bete. Chamo-a pelo *nome*.

Da mesma forma, Deus quer ser chamado pelo seu nome, não por um título. Lembra daquela estrofe da poesia?

> "Esse é o meu nome para sempre,
>   nome pelo qual serei lembrado
>   de geração em geração".[15]

Defendo que precisamos voltar a chamar Deus pelo seu nome. Creio que a mudança gradual pela qual passamos a usar o título de "o Senhor" para Deus em vez de Yahweh diz algo sobre a condição humana. Apesar de sempre falarmos sobre ter um "relacionamento pessoal com Jesus", há uma parte de nós que tem medo da intimidade com Deus. Vemos o fogo e a fumaça subindo a montanha e recuamos com medo.

Jesus deu um passo adiante. Ele nos ensinou a chamar Deus de "Pai" — o nome relacional mais íntimo que existe. Como certo poeta expressou de forma tão eloquente: Deus "deseja ser desejado".[16] Ele anseia por um relacionamento com você.

Voltamos, então, à pergunta de Moisés: *mah shemo?* Qual é o significado do seu nome?

Deus responde à pergunta? Sim... mais ou menos, na verdade. Moisés recebe a revelação do nome — Yahweh —, mas só entende o significado ou a importância do nome de Deus mais tarde na história.

Alguns capítulos depois, Yahweh diz a Moisés: "Eu sou o Senhor [Yahweh]. Apareci a Abraão, a Isaque e a Jacó como o Deus Todo-Poderoso [*El-Shaddai*], mas pelo meu nome, o Senhor [Yahweh], não me revelei a eles".[17]

Em outras palavras, Yahweh revelou apenas parte de si mesmo a Abraão e a seus filhos. Este é o *modus operandi* de Deus nas Escrituras: ele não se revela de uma vez só, mas aos poucos, dando ao seu povo tempo para que absorva e entenda quem Deus é.[18]

Somente quando Moisés estiver no topo do monte Sinai é que obteremos a resposta completa à sua pergunta sobre o significado e a importância do nome de Deus.[19] Ali, na terrível nuvem que era a glória de Deus, lemos que Deus proclamou o seu *nome*...

"Yahweh

Yahweh

Deus compassivo e misericordioso

paciente

cheio de amor e de fidelidade

que mantém o seu amor a milhares e perdoa a maldade, a rebelião e o pecado.

Contudo, não deixa de punir o culpado; castiga os filhos e os netos pelo pecado de seus pais, até a terceira e quarta gerações".

(A propósito, para os que estão pensando: *que história é essa de Deus castigar filhos?* Calma, chegaremos lá; e você será surpreendido...).

Esse momento de revelação no monte Sinai, no qual aprendemos o nome de Deus, é *o* clímax da Bíblia hebraica. O resto do que chamamos de Antigo Testamento é apenas história após história desse Deus em ação.

TRÊS: Jesus

O arco narrativo da Bíblia é tudo, menos direto. Ele faz curvas, zigue-zagues e desvios, mas, por fim, toda a história leva a um ponto culminante dramático: a vinda de Jesus.

Em sua biografia de Jesus, João, o escritor neotestamentário, faz uma declaração profunda:

"Aquele que é a Palavra tornou-se carne e viveu entre nós. Vimos a sua glória, glória como do Unigênito vindo do Pai, cheio de graça e de verdade".[20]

É difícil percebermos na tradução, mas a linguagem de João vem diretamente de Êxodo 34.

Por exemplo: a frase "habitou entre nós" é, literalmente, "armou o seu tabernáculo entre nós". Trata-se de uma referência ao tabernáculo que Israel ergueu na base do monte Sinai.

"Glória"? É uma referência à nuvem no topo do monte Sinai.

E "graça e verdade", é na verdade, uma interpretação estranha da frase hebraica traduzida por "amor e fidelidade". (Falaremos sobre o porquê, mais tarde).

Geralmente as pessoas leem "graça e verdade" e falam sobre como Jesus era o equilíbrio perfeito entre graça, gentileza e amor misturado com verdade, firmeza e coragem para dizer o que precisava ser dito.

Isso é totalmente verdade.

Mas esse não é nem de perto o ponto que João está tentando estabelecer.

João importa toda essa linguagem do *Êxodo* — "tabernáculo" e "glória", "amor e fidelidade" — como forma de recontar a história do Sinai em torno de Jesus. Sua afirmação é que vemos a glória do Deus Criador em Jesus — sua presença e beleza, como nunca antes. Em Jesus, Yahweh *se torna ser humano*.

Mais tarde, em João, ouvimos a oração de Jesus ao Pai: "Revelei teu *nome* àqueles do mundo que me deste [...] eu os fiz conhecer o teu *nome*".[21]

Lembre-se: o nome de Deus representa seu caráter.

Eugene Peterson traduz o versículo da seguinte forma: "Eu lhes expliquei o seu caráter de forma detalhada".[22]

Amo essa paráfrase.

Em Jesus, temos um vislumbre novo, evocativo e cristalino de como Deus realmente é.

Os primeiros cristãos foram rápidos em perceber a seriedade das afirmações de Jesus como a personificação de Deus. Para se tornar cristão, havia uma declaração, um *slogan*, um credo que você tinha de falar em voz alta antes de ser batizado:

Jesus é o Senhor.

Pessoas *morriam* por causa dessa declaração — literalmente. Cristãos foram queimados vivos e lançados aos animais selvagens, na arena. Essa afirmação era muito séria.

Por quê?

Porque, em grego, "Senhor" é *kyrios*. De um lado, esse era o título de César, o que tornava a afirmação de que Jesus é o Senhor equivalente a uma traição. O Império Romano já tinha um *kyrios*.

Entretanto, o pior é que, para os judeus, tratava-se da palavra grega usada para traduzir a palavra hebraica Yahweh. Assim, ao dizer que Jesus é o Senhor, os primeiros cristãos, judeus em sua maioria, estavam dizendo que Jesus era Yahweh, em carne e osso — uma afirmação ousada a respeito de um mestre camponês itinerante.

Mas vemos esse tipo de linguagem flagrante e provocativa em todos os escritos do Novo Testamento. Os primeiros cristãos foram *inflexíveis* ao afirmar que Jesus é a base de tudo o que acreditamos ser verdade sobre Deus.

Durante anos, pensei no Yahweh do Antigo Testamento como uma espécie de paralelo ao Pai do Novo Testamento — como se Jesus fosse um recém-chegado na história. Isso é errado e perigoso. Esse pensamento nos leva a uma caricatura distorcida, como se o Pai fosse o velho e mal-humorado fomentador de guerras do Antigo Testamento e Jesus fosse o filho que foi para uma universidade pública e voltou para casa com todo tipo de ideias radicais sobre graça, amor e tolerância, essencialmente afirmando: "Qual é, pai, em vez de matarmos o mundo todo, não é melhor que eu morra pelo mundo?".

Essa é uma leitura grosseira e errada da história que as Escrituras contam.

Jesus é a tão esperada vinda humana de Yahweh, o Deus no topo do Sinai.

QUATRO: Nós

Ufa…!

Você ainda está aí? Está vivo? Se sim, muito bem. É muita informação para se absorver. Agora, vamos dar um passo atrás e falar sobre as implicações surpreendentes do que temos explorado na forma como nos relacionamos com Deus. Honestamente, isso teve um impacto profundo em minha vida.

Para começar, isso significa que **Deus é uma pessoa**. Por "pessoa", não quero dizer que ele seja homem, mulher ou ser humano,[23] e sim que ele é um ser relacional. Deus não é uma força energética impessoal, um capítulo de um livro de teologia sistemática ou de uma religião mundial.

Ele é um ser relacional cujo desejo é se... *relacionar* — e isso com pessoas como você e eu. Deus deseja conhecer e ser conhecido.

Entretanto, conhecer Deus não é apenas conhecer um monte de fatos *sobre* Deus. Sou totalmente a favor da teologia — afinal, é o que faço da vida — mas Deus não é uma doutrina. Ele não é uma questão em uma prova de múltipla escolha que, se você acertar, poderá "ir para o céu quando morrer".[24] Deus é uma pessoa que deseja ter um relacionamento com você.

Na igreja, ouvimos muito a ideia clichê de como precisamos ter "um relacionamento pessoal com Jesus". Honestamente, porém, não creio que tenhamos ideia de quão explosiva essa ideia é.

Você se lembra de como Moisés e Deus conversaram?

Mais adiante na história, lemos que Deus falaria com Moisés "face a face, como quem fala com seu amigo".[25]

Deus tem amigos?

Sim.

E Moisés e Deus se relacionavam exatamente assim, como amigos.

Lemos, por exemplo, uma história maravilhosa em que Moisés desabafa com Yahweh sobre como ele lhe disse para liderar Israel, mas Israel é uma bagunça disfuncional e Moisés se sente sozinho.

Mas então Deus diz: "Minha Presença irá com você".

Moisés, em seguida, lhe pede: "Ensina-me os teus caminhos para que eu possa conhecê-lo e continuar a encontrar o seu favor".

E Deus essencialmente lhe diz: "Sim".

Por fim, Moisés fica ainda mais ousado e pede: "Mostre-me a sua glória".

Ao que Deus lhe responde: "Eu e você, amanhã, na montanha".[26]

Não é *assim* que imaginaríamos uma conversa entre o Criador do universo e um ser humano. O diálogo envolve certa flexibilidade, certa abertura, um dar e receber.

Soa como dois amigos conversando, quase como se Moisés e Deus estivessem em pé de igualdade. É claro que eles *não estão* em pé de igualdade, mas é precisamente esse fato que torna a conversa tão marcante.

No livro de Êxodo, há outra história em que Israel sai dos trilhos e começa a adorar outros deuses, e isso depois de Yahweh os salvar no mar Vermelho e lhes dar comida e água no meio do nada — um amor generoso e extravagante. E os israelitas cospem nesse amor.

Como você pode imaginar, o Deus que é tardio em irar-se finalmente se enfurece e diz a Moisés que vai destruir Israel e recomeçar com Moisés, voltando à estaca zero, reiniciando o empreendimento todo. Deus está claramente aborrecido.

Segundo o teólogo Gerry Breshears: "A cena retrata Deus processando seus sentimentos com um parceiro humano".[27]

Deus processando seus sentimentos? Como assim?

Eu amo essa ideia.

Este não é o Deus do tipo "energia-no-universo" ou "capítulo-3-do-livro-de-teologia-sistemática" com o qual muitos de nós estamos acostumados. Este Deus é uma pessoa, uma pessoa com sentimentos. Yahweh está irado — e com razão — e toma a decisão de varrer Israel do mapa.

Mas o que acontece?

Moisés o dissuade.

Em essência, Moisés diz a Yahweh: "Caso o Senhor opte por essa ação, as demais nações poderão formar uma opinião desfavorável a teu respeito. Lembra da tua promessa de guiar o teu povo através do deserto? Teu *nome* está em jogo aqui".

Então, lemos que Yahweh "cedeu e não trouxe sobre o povo o desastre que havia ameaçado".[28]

Em hebraico, a palavra para *cedeu* é *naham*. Pode ser traduzida como Yahweh "mudou de ideia" ou "se arrependeu".

Yahweh "*naham*ou"?

Mudou de ideia?

Se arrependeu?

É o que o texto diz.

Veja, não significa, obviamente, que Deus estava em pecado ou fazendo algo errado. Embora a palavra *naham* carregue essa ideia de "arrependimento" ou "remoso" por uma decisão, o ponto não é que Deus estava errado, e sim que foi movido emocionalmente; ele lamentou sua decisão de julgar Israel de forma tão severa e, por isso, mudou sua abordagem.

Tudo isso nos leva à visão de um Deus que responde, que está aberto às nossas ideias, envolvido de forma dinâmica em nossa vida — mas não "no controle" de uma forma automatizada, do tipo "o que tem de acontecer irá acontecer, com ou sem a minha participação".

Deus é mais um amigo do que uma fórmula.

A maiorias das religiões — incluindo muitas religiões "cristãs" populares — se resume a tentar decifrar a fórmula para obtermos de Deus a vida que queremos.

Normalmente, a fórmula funciona mais ou menos assim:

Moralidade + questões religiosas − pecado = bênção de Deus.

Assim, por exemplo...

Leitura bíblica + igreja − fazer sexo com minha namorada = bênção de Deus.

Como se Deus fosse o algoritmo de um programa de computador ao qual basta inserir os números certos e — bum! — a vida dos nossos sonhos simplesmente aparece.

Mas Deus não trabalha dessa maneira. Se você tratar Deus como uma fórmula, acabará louco e confuso. Com Deus, nossos cálculos matemáticos raramente funcionam; Deus é muito mais interativo e interessante.

Dito isso, há um padrão que vemos em toda a Bíblia:

"Se você___, então eu___."

Por exemplo:

"Se eu anunciar que uma nação ou reino será arrancado, derrubado e destruído, *mas essa nação abandonar seus maus caminhos, então eu não a destruirei como havia planejado*. E, se eu anunciar que plantarei e edificarei uma nação ou reino, *mas essa nação praticar o mal e não quiser me obedecer, então eu não a abençoarei como havia declarado*".[29]

Você vê o padrão, o padrão de se/então?

Observe como isso é *interativo*. Há um vaivém relacional que poucos de nós realmente entendemos.

Nós falamos e Deus fala.

Nós agimos e Deus age.

Oramos e Deus responde, mas nem sempre da maneira que desejamos.

Pedimos a Deus que mostre misericórdia, e ele *naham*.

Não se trata de uma fórmula; nem sempre acontece assim. Mas é uma forma de estarmos em relacionamento com Deus.

Yahweh não é o "motor imóvel" de Aristóteles, mas o Deus relacional e dinâmico de Abraão, Isaque e Jacó. É o Deus que responde. O Deus que pode ser *comovido*, influenciado, que pode mudar de ideia a qualquer momento. E essa não é uma visão *inferior* de Deus; é uma visão muito mais *elevada*. O teólogo Karl Barth chamou isso de "santa mutabilidade de Deus".[30] Ele seria menos Deus se não pudesse mudar suas intenções quando quisesse, ou estar aberto a novas ideias de seres inteligentes e criativos com quem se relaciona.[31]

Isso é tão simples, tão fácil de se entender, mas quase nenhum de nós interage com Deus dessa maneira. Lemos uma história sobre Moisés fazendo Deus mudar de ideia e ela nos parece chocante, já que está muito longe de nossa própria experiência. A maioria das pessoas simplesmente explica: "Na verdade, não significa que Deus tenha mudado de ideia", pois é muito difícil lidar com uma perspectiva dessa natureza. Talvez porque pareça irreverente. Concordo. Parece *mesmo* uma ideia um pouco irreverente. Há orações nas Escrituras — nos livros que Moisés escreveu e, especialmente, no livro de *Salmos* — em que eu me encolho, esperando que um raio atinja o indivíduo e o mate. Mas isso não acontece. Na verdade, Deus parece amar esse tipo de oração crua e sem cortes, contornando a linha entre a blasfêmia e a fé desesperada. Ele não tem nem de longe o mesmo medo da honestidade que nós temos.

Talvez porque o nosso sistema teológico seja inflexível quanto a Deus ser *soberano*, estar *no controle* e à ideia de que *tudo o que acontece é a vontade dele*, como se houvesse algum projeto invisível por trás de cada acontecimento em nossa vida — bom ou ruim —, algum roteiro secreto pelo qual vivemos, de modo que não devemos ousar pedir a Deus que se desvie dele.[32]

Falaremos mais a esse respeito no próximo capítulo, mas acredito profundamente que essa forma de pensamento sobre o envolvimento de Deus em nossa vida está muito longe do que as Escrituras ensinam. O futuro não está gravado em pedra. As orações que fazemos e as decisões que tomamos, aqui e agora, têm um efeito direto sobre o que acontece — ou deixa de acontecer — no futuro.

Porque Deus nos ouve e nos *responde*.

Muitas vezes, lemos essas histórias sobre Moisés, Davi, Jesus e Paulo e pensamos: *"Isso foi para eles, não para mim"* — como se o objetivo da Bíblia fosse dizer como as *outras pessoas* se relacionam com Deus.

Mas Jesus veio, viveu, morreu e ressuscitou da sepultura para tornar disponível a *todos* o tipo de relacionamento que ele e Moisés tinham com Yahweh.

Pouco antes de sua morte, Jesus orou ao Pai: "Eu os fiz conhecer o teu nome, e continuarei a fazê-lo, *a fim de que o amor que tens por mim esteja neles, e eu neles esteja*".[33]

Esta é a agenda programática de Jesus para os seus seguidores: que você e eu conheçamos Yahweh como ele, Jesus, conheceu, e que nos unamos a Moisés e aos personagens da Bíblia na amizade com Deus.

Pense em como isso poderia mudar a maneira como você ora.

Muitas pessoas se sentem culpadas porque não gostam de orar. Algumas temem a oração. Outras simplesmente perseveram por saberem que é a coisa certa a fazer, mas a maioria de nós a evita.

Isso acontece porque a maioria de nós não *ora* de fato.

Orar é o que Moisés fez com Deus na tenda, o que Jesus fez com o Pai no Getsêmani. Orar é ser brutalmente honesto, ficar nu e vulnerável. É quando seus desejos, medos, esperanças e sonhos mais profundos vazam de sua boca, sem inibição. É quando você fala com Deus com o botão de edição *desligado* e se sente seguro, ouvido e amado. É o tipo de intercâmbio relacional do qual você nunca se cansa.

E as nossas orações fazem a diferença. A maioria de nós não acredita realmente que a oração pode mudar a realidade, mas é o que acontece.

O filósofo Dallas Willard escreveu:

> A "resposta" de Deus às nossas orações não é uma charada. Ele não finge que está respondendo às orações quando está apenas fazendo o que iria fazer de qualquer maneira. Nossos pedidos realmente fazem a diferença no que Deus faz ou deixa de fazer. A ideia de que tudo acontece da forma como tem de acontecer, independentemente de orarmos, é um fantasma que assombra a mente de muitos que professam uma fé sincera em Deus. Isso faz da oração algo psicologicamente impossível, substituindo-a por um ritual que, na melhor das hipóteses, está morto. E é claro que Deus não responde a esse ritual — e nem você deveria.[34]

A oração pode mover a mão de Deus. A oração pode fazer com que Deus mude de ideia; pense na seriedade dessa declaração.

Oração é quando a trajetória da sua vida está indo na direção errada; então você dialoga com Deus; ele *responde*; e sua vida passa a seguir *outro* caminho.

Uma coisa iria acontecer, mas agora não vai mais.

Outra coisa *não* iria acontecer, mas agora *vai*.

Porque acabei de ter uma conversa com Deus.

Como disse o escritor Tiago: "A oração de um justo é poderosa e eficaz".[35]

Naturalmente, há muito mistério envolvido aqui, muitas perguntas sem resposta. Como, exatamente, a vontade de Deus interage com a nossa vontade? Esse é o clássico debate "soberania *versus* livre arbítrio". Honestamente? Não sei.

Mas tenho certeza de uma coisa: orar não é apenas "fazer o certo", seguir de forma mecânica. Nossas orações têm o potencial de alterar o curso da história. E a ação de Deus *na* história depende, de uma forma estranha, das nossas orações.

Minha amiga Skye Jethani cita a frase do filósofo Blaise Pascal: "Deus instituiu a oração para conferir às suas criaturas a dignidade de desencadearem seus propósitos", interpretando-a da seguinte forma:

> Não somos apenas peças passivas de um drama cósmico pré-ordenado, mas participantes ativos, enquanto Deus atua no roteiro, na direção, no planejamento e na ação que se desenrola. A oração, portanto, é muito mais do que pedir a Deus este ou

aquele resultado. É entrar em comunhão com ele e assumir o nosso papel privilegiado como seu povo. Na oração, somos convidados a nos juntar a ele na condução de seu mundo.[36]

Essa explicação é muito boa!

"Na oração, somos convidados a nos juntar a ele na condução de seu mundo".

Desde o início da história humana, Deus, o Criador *de tudo*, tem procurado amigos, parceiros livres, inteligentes e criativos para colaborar com ele na gestão do mundo.

Isso é oração.

Se essa abordagem sobre a oração o deixa nervoso, se está perto demais dos limites do aceitável, e se, neste momento, você está pensando: "Quem sou eu para me achegar a Deus dessa maneira?", então lembre-se de que, quando você se aproxima de Deus, você se aproxima em nome de Jesus.

Suponho que você esteja familiarizado com este clichê — "em nome de Jesus"? Só para constar, o "nome de Jesus" não é uma frase de efeito para ser colocada no final de uma oração a fim de conseguirmos o que queremos. Orar em nome de Jesus significa duas coisas.

Primeiro, significa orar de acordo com o seu caráter, orar pelo tipo de coisa que ele deseja que aconteça no mundo.

Se você orar por um novo Range Rover ou por férias no Havaí, talvez obtenha o que pediu; mas o mais provável é que Deus o decepcione.

Se, no entanto, você orar por cura, justiça, coragem para defender sua fé no solo corrosivo do secularismo ocidental — o tipo de coisa que você vê em Jesus —, então mantenha os olhos abertos.

Em segundo lugar, porém — e mais importante —, orar em nome de Jesus significa que sempre que oramos, temos o mesmo acesso a Deus que Jesus tem.

Um estudioso do Novo Testamento expressa essa ideia da seguinte forma: "Orar em nome de Jesus significa que assumimos o status de Jesus no favor de Deus e invocamos a posição de Jesus diante de Deus".[37]

Portanto, para aqueles que pensam: *"não posso interagir com Deus dessa maneira, como um amigo ou colega de trabalho ajudando Deus a construir seu mundo. Não sou Moisés e definitivamente não sou Jesus!"* — é verdade; estou com você nesse ponto. Mas se você é um seguidor de Jesus, então, ao se achegar diante de Deus, você se aproxima em nome de Jesus. Você invoca o status dele diante de Deus. Você vem, não como um mendigo de rua, mas como um filho ou filha real do Pai.

E o que você encontra esperando por você é Yahweh, a pessoa que quer *se relacionar* com você.

Além do mais, você nem precisa escalar uma montanha. Tudo o que precisa fazer é mover os lábios.

Capítulo 2
Yahweh
(parte 2)

"**Senhor** [Yahweh], **Senhor** [Yahweh], Deus compassivo e misericordioso, paciente, cheio de amor e de fidelidade, que mantém o seu amor a milhares e perdoa a maldade, a rebelião e o pecado. Contudo, não deixa de punir o culpado; castiga os filhos e os netos pelo pecado de seus pais, até a terceira e quarta gerações."

Por que Deus precisa de um nome, afinal? Deus e os "deuses"

Já esteve na Índia?

Se não, você realmente deveria ir; é deslumbrante.

Estive lá há alguns anos, e agora vejo o mundo de forma diferente. É como se meus olhos fossem abertos para o que sempre esteve ao meu redor.

A Índia é um lugar sem paralelo; é linda, de todas as maneiras. As pessoas, a cultura, a paisagem — tudo é colorido e multissensorial, vibrante, exótico e estranho; e há *muitas, muitas pessoas.*

Apesar disso, para mim, o mais intrigante é sua atmosfera espiritualmente carregada.

Existem, literalmente, milhões de deuses no panteão hindu, de forma que, para onde quer que você olhe, há templos e santuários, ídolos e sacerdotes em vestes cor-de-ocre orando, incenso queimando e animais morrendo em sacrifício a Shiva, a Vishnu ou um dos "deuses".[1]

Estive lá para visitar um orfanato fundado por um casal de nossa igreja. Eles o chamam de "Happy Home for the Handicapped" [Lar Feliz para Deficientes]. No sistema de castas hindu, se uma criança nasce com uma deficiência ou deformidade, acredita-se que ela é *dalit*, uma "intocável". É o seu carma, sua punição por pecados em uma vida passada.[2] Em alguns círculos, os *dalit* são considerados sub-humanos, destinados a sofrer por seus erros passados e a fazer todos os trabalhos que ninguém mais quer — sem qualquer esperança, a não ser morrer e renascer em uma casta mais elevada e em uma vida melhor. Alguns pais literalmente abandonam seus recém-nascidos deficientes à beira da estrada e vão embora.[3]

O Happy Home é um lugar apenas para crianças assim, crianças que foram abandonadas, rejeitadas, largadas para morrer.

Para ser honesto, fiquei abalado só de pensar em vê-las pessoalmente. Tanta dor e sofrimento em um só lugar me deixaram apreensivo. Esperava que fosse um lugar triste, solitário e perturbador — crianças sem membros, meninos que não conseguiam andar, meninas que não podiam ver —, todos vivendo na pobreza, sem pais ou família. Mas a realidade chocante é esta: a coisa que mais se destaca no Happy Home é o fato de ele realmente ser um lugar *feliz*. E, por feliz, quero dizer vibrante de alegria. Por onde quer que se olhe, vêem-se dentes brancos e brilhantes se abrindo em peles escuras, sorrisos tão largos quanto o horizonte, risadas incontroláveis — e isso supera toda a dor, angústia e sensação de que um orfanato não deveria ser assim.[4]

Entrar no Happy Home é como entrar em uma festa de aniversário que nunca acaba, uma celebração. Tenho certeza de que é o tipo de coisa que Jesus tinha em mente quando disse: "o reino de Deus está próximo".[5]

Só que, em seguida, você sai e vê pessoas sacrificando galinhas para Shiva na esquina da rua e sangue de cabra fervendo na vala da estrada, enquanto um sacerdote recita uma oração ao deus de sua escolha...

E isto é algo que você *sente*: a energia, a eletricidade no ar, a espiritualidade.

A coisa mais bizarra disso tudo, pelo menos para um ocidental como eu, é que todo esse ritualismo não parece falso, como uma farsa, um embuste ou uma superstição primitiva, coisas que um dia "esses não ocidentais vão superar."

Tudo *parece real*.

Quando você passa por um ídolo ou um templo, parece que... *algo está lá*.

Você já teve esse tipo de experiência? Em um templo, em um estúdio de yoga ou no parque perto de sua casa, onde algo espiritual estava acontecendo e seu cérebro ocidental e secular tenta explicá-lo como um absurdo, mas você simplesmente não consegue se livrar dessa sensação incômoda de que há algo mais ali?

O que é *isso*?

Este capítulo aborda exatamente esse assunto.

Comecemos, porém, com uma recapitulação: o plano para este livro é trabalhar Êxodo 34:6-7 *linha por linha*, já que talvez se trate da passagem mais citada *na* Bíblia *pela* Bíblia.

O último capítulo foi sobre como Deus é Yahweh.

Este capítulo é sobre como Deus é — *rufem os tambores* — Yahweh.

Pense outra vez na frase de abertura: *Yahweh, Yahweh, Deus compassivo e misericordioso...*

Perceba que Yahweh repete o seu nome.

Por quê?

No mundo moderno, caso esteja escrevendo um livro, um post em um blog ou um e-mail e queira enfatizar determinado ponto, você o *italiciza*, o sublinha, o coloca em **negrito** ou EM CAIXA ALTA. Contudo, no mundo antigo, se você quisesse realmente ressaltar um ponto, você o repetia.

Repito: se você realmente quisesse enfatizar algo que todos captassem, você diria a mesma coisa *outra vez*.

Percebeu o que acabei de fazer?

Yahweh falar o seu nome não uma, mas duas vezes, é sua maneira de dizer que quer que paremos e pensemos em seu nome em profundidade.[6]

em peles escuras, sorrisos tão largos quanto o horizonte, risadas incontroláveis — e isso supera toda a dor, angústia e sensação de que um orfanato não deveria ser assim.[4]

Entrar no Happy Home é como entrar em uma festa de aniversário que nunca acaba, uma celebração. Tenho certeza de que é o tipo de coisa que Jesus tinha em mente quando disse: "o reino de Deus está próximo".[5]

Só que, em seguida, você sai e vê pessoas sacrificando galinhas para Shiva na esquina da rua e sangue de cabra fervendo na vala da estrada, enquanto um sacerdote recita uma oração ao deus de sua escolha…

E isto é algo que você *sente*: a energia, a eletricidade no ar, a espiritualidade.

A coisa mais bizarra disso tudo, pelo menos para um ocidental como eu, é que todo esse ritualismo não parece falso, como uma farsa, um embuste ou uma superstição primitiva, coisas que um dia "esses não ocidentais vão superar."

Tudo *parece real.*

Quando você passa por um ídolo ou um templo, parece que… *algo está lá.*

Você já teve esse tipo de experiência? Em um templo, em um estúdio de yoga ou no parque perto de sua casa, onde algo espiritual estava acontecendo e seu cérebro ocidental e secular tenta explicá-lo como um absurdo, mas você simplesmente não consegue se livrar dessa sensação incômoda de que há algo mais ali?

O que é *isso*?

Este capítulo aborda exatamente esse assunto.

Comecemos, porém, com uma recapitulação: o plano para este livro é trabalhar Êxodo 34:6-7 *linha por linha*, já que talvez se trate da passagem mais citada *na* Bíblia *pela* Bíblia.

O último capítulo foi sobre como Deus é Yahweh.

Este capítulo é sobre como Deus é — *rufem os tambores* — Yahweh.

Pense outra vez na frase de abertura: *Yahweh, Yahweh, Deus compassivo e misericordioso...*

Perceba que Yahweh repete o seu nome.

Por quê?

No mundo moderno, caso esteja escrevendo um livro, um post em um blog ou um e-mail e queira enfatizar determinado ponto, você o *italiciza*, o sublinha, o coloca em **negrito** ou EM CAIXA ALTA. Contudo, no mundo antigo, se você quisesse realmente ressaltar um ponto, você o repetia.

Repito: se você realmente quisesse enfatizar algo que todos captassem, você diria a mesma coisa *outra vez*.

Percebeu o que acabei de fazer?

Yahweh falar o seu nome não uma, mas duas vezes, é sua maneira de dizer que quer que paremos e pensemos em seu nome em profundidade.[6]

Então, vamos fazer isso...

No último capítulo, aprendemos que o nome de Deus não é *Deus*, mas *Yahweh*.

Mas isso levanta uma questão provocativa e perturbadora: por que Deus precisa de um nome, afinal?

O que há de errado com *Deus*?

De fato, por que Deus é raramente chamado de "Deus" nas Escrituras?[7] Por que ele é geralmente chamado de "Yahweh" ou "Yahweh Deus"?

Resposta curta — e, aguente firme, pois ela pode atingi-lo como um trem de carga: porque existem *muitos* "deuses."

Temos, agora, muito terreno para cobrir, então apertem os cintos. Vamos lá!

DOIS: Histórias

Já que estou me repetindo, pense na frase de abertura da Bíblia: "No princípio Deus criou os céus e a terra". Em hebraico, a palavra Deus é *elohim*. Como eu disse antes, não se trata de um nome, mas de uma categoria. Apesar de *elohim* ser usado como referência ao Criador do universo, o termo também é empregado para todos os tipos de seres espirituais.

Um *elohim* é uma criatura espiritual — uma criatura invisível, mas real.[8]

E, logo de cara, na frase de abertura da história bíblica, ficamos sabendo que um *elohim* fez *todas as coisas*: o sol, a lua e as estrelas, as manchas que aparecem no seu nariz durante o verão — *elohim* criou tudo isso.

Essa afirmação foi surpreendente no contexto de 2000 a.C.[9] A despeito da forma como você lê Gênesis 1, uma coisa está clara: a história bíblica é ambientada em contraposição a *vários outros* mitos antigos da criação, como o *Enuma Elish* babilônico. Cada qual se difere um pouco do outro, mas todos, em essência, afirmam que o universo foi criado após um conflito cósmico gigante entre os "deuses."

Em *Enuma Elish*, o "deus" Marduk lidera uma batalha épica contra Tiamat e seu exército de monstros. Ele a mata e depois cria a Terra a partir de seu cadáver.

Isso explica por que você fica zonzo de vez em quando.

Por mais louco que pareça aos ouvidos modernos, era assim que pessoas inteligentes e reflexivas entendiam o mundo.

No entanto, a Bíblia afirma algo radicalmente descompassado de seu tempo. Ela reivindica que há *um único Deus Criador* verdadeiro, o qual criou *todas as coisas*. Também afirma que o mundo não nasceu de um conflito, de uma guerra ou como fruto de inveja, mas do transbordamento de sua criatividade e amor.

Assim, Deus existe — o Criador de tudo, o não criado, um ser inigualável no universo.

Só que os "deuses" também existem — seres espirituais criados, invisíveis, mas reais.

Quem quer que sejam esses outros *elohim*, eles nem mesmo se enquadram na mesma categoria. Mas isso não significa que esses outros "deuses" sejam uma farsa...

Em *Êxodo*, o segundo livro da Bíblia, lemos sobre como Yahweh salvou Israel da escravidão no Egito. Há um versículo em Êxodo 12 no qual Yahweh diz: "Executarei juízo sobre todos os deuses do Egito".[10]

A maioria conhece a história das dez pragas, mas o que talvez alguns não saibam é que muitas das pragas são dirigidas a uma divindade egípcia específica.[11]

Amon-Rá, por exemplo, era o deus do sol no panteão egípcio. Também era o rei sobre todas as outras divindades egípcias.

Então, o que Yahweh faz?

Ele apaga o sol.

Por três dias, a escuridão no Egito é total. Essa é a forma como Yahweh desafia as divindades egípcia, sua maneira de dizer: "Amon-Rá não é o rei dos deuses; *Eu Sou*".[12]

Assim, a relação de Yahweh com esses outros pretensos "deuses" é hostil. Não é exagero dizer que ele está em guerra com eles. Na verdade, essa linguagem de guerra é usada em toda a Escritura hebraica.

Quando Israel finalmente escapa do chicote do Egito, lemos que Yahweh "impôs castigo aos seus deuses".[13]

Segundo uma testemunha em primeira mão dos acontecimentos: "Agora sei que o Senhor [Yahweh] é maior do que todos os outros deuses, pois ele os superou exatamente naquilo de que se vangloriavam".[14]

Repare: todos os *outros* deuses.

E qual é a resposta de Israel ao fato de Yahweh tê-los salvado do Egito e de seu panteão? Adoração.

Imediatamente, lemos uma canção de louvor:

> Quem entre os deuses
> é semelhante a ti, Senhor [Yahweh]?
> Quem é semelhante a ti?
> Majestoso em santidade,
> Terrível em feitos gloriosos,
> Autor de maravilhas?[15]

Portanto, porque Yahweh está em uma classe única, e porque salvou Israel da escravidão, Yahweh é o único *elohim* digno de adoração.

Pense em toda a linguagem de *Salmos*, as canções de adoração do antigo Israel.[16] Ouça o que Salmos 86 tem a dizer:

> *Nenhum dos deuses* é comparável a ti, Senhor [Yahweh],
> nenhum deles pode fazer o que tu fazes.

Ou ouça a declaração de Salmos 96:

> O Senhor [Yahweh] é grande e digno de todo louvor,
> mais temível do que *todos os deuses*!

Ou leia a mensagem impressionante de Salmos 97:

> Prostrem-se diante dele *todos* os deuses! [...]
> Pois tu, SENHOR [Yahweh], és o Altíssimo sobre
> toda a terra!
> És exaltado *muito acima de todos os deuses*!

Então, mesmo os "deuses" devem adorar Yahweh. Por quê? Porque ele é o "Altíssimo". Essa linguagem de Yahweh como o Altíssimo significa que, na hierarquia dos "deuses", Yahweh está no topo, em uma categoria à parte.

Sua cabeça está rodopiando? Ainda tem mais!

Pense nos Dez Mandamentos. Qual é o primeiro?

"Não terás outros deuses além de mim".[17]

A maioria das pessoas ignora este mandamento porque supõe que não há outros deuses. Afinal, eles são todos inventados, um produto da imaginação de Israel, certo? E isso poderia ser verdade.[18] Mas preste atenção: *não é isso que o texto diz*. De fato, o mandamento parece partir do pressuposto de que há outros deuses e que não devemos adorá-los. Nunca.

A seguir, o segundo mandamento é: "Não farás para ti nenhum ídolo [...]. Não te prostrarás diante deles nem lhes prestarás culto, porque eu, o SENHOR [Yahweh], o teu Deus, sou Deus zeloso".

Portanto, há um mandamento sobre "deuses" e, em seguida, um mandamento sobre ídolos; e Israel deve se afastar de ambos.

Repare que a maioria das pessoas mescla os dois primeiros mandamentos em um só e agrupa "deuses" e ídolos.

Podemos entender o porquê: ídolos e "deuses" estão ligados em uma relação simbiótica, mas eles não são a mesma coisa.

Já qualificamos o que é um "deus" — uma criatura espiritual invisível, mas real.

Um ídolo, em contraste, é uma estátua sem vida, nada mais, uma escultura de madeira, pedra ou metal. O ídolo é inanimado, esculpido à mão por um artesão que precisa de uma graninha ou por um sacerdote desempregado. O ídolo é um totem, uma representação de *outra coisa*.

Por si só, um ídolo não pode fazer nada contra você, pois ele não passa de um pedaço de pedra; mas os *elohim* — que às vezes estão *escondidos por trás do ídolo* ou *representados pelo objeto*, impregnando-o de poder —, bem… eles podem. Na verdade, alguns desses *elohim* são realmente poderosos, e é nesse ponto que um ídolo se torna perigoso, ou seja, quando o ídolo se torna uma porta de entrada para um ser espiritual real.

Pense outra vez na história de Moisés, na sala do trono do faraó. Para mostrar que realmente foi enviado por Yahweh, Moisés faz milagres.[19]

Primeiro, Moisés transforma o seu cajado em uma cobra.

Mas, então, o que acontece? Os magos do faraó fazem *exatamente a mesma coisa*.

(Mal posso *esperar* para ver essa cena na Netflix…).

Depois, Moisés transforma o rio Nilo em sangue; mas os magos do faraó fazem o mesmo.

Em seguida, Moisés faz rãs saírem do Nilo e cobrirem todo o Egito, mas os magos do faraó recorrem às artes obscuras e copiam o seu milagre.

Já parou para pensar *como os magos copiavam os milagres de Moisés? Seria por magia? Por truques baratos?* Nenhum dos dois. Os magos eram sacerdotes, ligados aos "deuses" do Egito, sintonizados com o poder dessas criaturas espirituais malévolas.

Moisés, por fim, transforma poeira em piolhos, e os magos ficam sem saber o que fazer.

Aparentemente, piolhos são um problema...

Meu ponto é que esses outros *elohim* têm certa quantidade de poder, até para fazer milagres. No entanto, Yahweh alerta repetidamente o seu povo: *nunca* os adorem.

Em Deuteronômio 6, lemos a grande *Shemá* — a oração mais lendária da tradição hebraica: "Ouça, ó Israel: o SENHOR [Yahweh], o nosso Deus, é o único SENHOR [Yahweh]. Ame o SENHOR [Yahweh], o seu Deus, de todo o seu coração, de toda a sua alma e de todas as suas forças".[20]

Há camadas de significado nesse texto, mas parece que o significado principal é que Yahweh é o único e verdadeiro Deus, o Criador, aquele que está acima de todos os outros deuses, de modo que você deve amar somente ele.

Todavia, se você conhece a história trágica de Israel, sabe que esse alerta entrou por uma orelha e saiu pela outra. Repetidas vezes, Israel se volta para os "deuses" das nações.

E se você ainda está pensando: *"sim, mas esses outros deuses não são reais, certo?"*, fique comigo por mais alguns exemplos...

No livro de *1Reis*, lemos sobre o auge de Israel sob o reinado de Salomão. Tudo estava indo incrivelmente bem — até o início do capítulo 11.

> O rei Salomão amou muitas mulheres estrangeiras, além da filha do faraó. Eram mulheres moabitas, amonitas, edomitas, sidônias e hititas. Elas eram das nações sobre as quais o Senhor [Yahweh] tinha dito aos israelitas: 'Vocês não poderão tomar mulheres dentre essas nações, porque elas os farão desviar-se para seguir os seus deuses' [...]. À medida que Salomão foi envelhecendo, suas mulheres *o induziram a voltar-se para outros deuses*, e o seu coração já não era totalmente dedicado ao Senhor [Yahweh], o seu Deus.[21]

Veja, então, o que acontece:

> Ele seguiu Astarote, a deusa dos sidônios, e Moloque, o repugnante deus dos amonitas [...]. Salomão construiu um altar para Camos, o repugnante deus de Moabe, e para Moloque, o repugnante deus dos amonitas. Também fez altares para os deuses de todas as suas outras mulheres estrangeiras, que queimavam incenso e ofereciam sacrifícios a eles".[22]

Perceba que o escritor lista uma série de "deuses" antigos, mas em nenhum lugar o texto diz que eles eram "falsos deuses" —

falsos no sentido de "irreais" ou uma "farsa" para uma era supersticiosa. Em vez disso, o texto chama os "deuses" pelo nome:

Astarote é a deusa de Sidom (o Líbano, em um mapa atual).

Moloque é o deus de Amom (mesmo lugar que a moderna Amã, em Jordânia).

Camos tinha autoridade sobre Moabe (outra parte da Jordânia).

Esses "deuses", portanto, exercem poder e autoridade sobre *regiões geográficas* e *grupos étnicos*, aos quais nos referimos como *nações*.

Vemos essa ideia de poderes espirituais sobre nações em toda a Bíblia hebraica. Em *Daniel*, há uma história louca sobre as orações do profeta que ficam sem resposta por três semanas. Por fim, um anjo se aproxima dele, da parte de Yahweh, e diz que se atrasou porque "o príncipe do reino da Pérsia me resistiu durante vinte e um dias".[23] O "príncipe" do texto é algum tipo de ser espiritual por trás do Império Persa. Ao partir, o anjo lhe diz que há um "príncipe da Grécia" com quem ele também terá de lutar.[24]

Então, existe um príncipe da Pérsia?

E outro da Grécia?

Existem "deuses" ou demônios — ou seja lá como você queira chamar esses seres espirituais — sobre *pessoas* e *lugares*? Sobre nações inteiras?

Não me interprete mal. *Não estou sugerindo* que os Estados Unidos são uma "nação cristã", enquanto a Índia ou a Jordânia, não.

Tudo o que estou dizendo é que parece haver seres espirituais com certo grau de poder e autoridade sobre regiões geográficas e grupos de pessoas.

Deixe-me esclarecer...

Como pai, fico aterrorizado com o recente aumento nos tiroteios em escolas. Tenho três filhos que frequentam a escola primária local, e o pensamento de que esse tipo de violência e carnificina possa chegar à minha região me dá arrepios. No entanto, me ocorreu recentemente que dois dos piores tiroteios em massa da história dos Estados Unidos aconteceram a poucos quilômetros um do outro, no Colorado: o primeiro na Columbine High School, em 1999, onde dois estudantes mataram a tiros treze pessoas, e o segundo no massacre de Aurora, em 2012, em que uma enxurrada de balas de um atirador deixou doze mortos e 59 feridos em um cinema enquanto as pessoas assistiam *Batman: O Cavaleiro das Trevas Ressurge*. Para completar, outros quatro tiroteios ocorreram na mesma região, de Colorado Springs a Denver.[25]

Coincidência?

Provavelmente.

Talvez seja apenas algo atrelado a jogos de videogame violentos ou leis frouxas de controle de armas... ou talvez o estado do Colorado seja o próprio problema.

Mas talvez — e isso é pura especulação — haja um ser espiritual naquela área, malévolo e violento e cruel, com uma influência estranha sobre certas pessoas desesperadas, de forma que, a cada poucos anos, vemos sua obra nos noticiários.

Provavelmente, não.

Duvido.

Mas e se for esse o caso?

Mesmo que seja uma teoria absurda, eu sei que existem áreas na minha própria cidade onde há uma sombra escura e opressiva; algo mais está lá. Você sente isso quando passa por uma casa, atravessa um parque ou entra em uma loja. Você tem a sensação de que *não está sozinho* e, seja o que for que está lá com você, não é nada bom.

Para mim, uma das passagens mais perturbadoras de toda a Bíblia é Salmos 82:

> É Deus quem preside à assembleia divina;
> no meio dos deuses, ele é o juiz.

Esta é uma das diversas passagens bíblicas em que encontramos referências a um grupo de seres divinos com autoridade sobre a Terra.[26] A NVI traduz o texto hebraico como "assembleia divina", enquanto outras traduções optam por "conselho divino".[27] Esse conceito de conselho divino é uma imagem bem conhecida no mundo antigo,[28] representando uma forma de visualizar o céu como uma sala do trono no contexto do antigo Oriente Próximo. Nessa cena, Yahweh, o rei, está presente, cercado por outros seres espirituais.

Um estudioso da língua hebraica a descreve da seguinte maneira: "O reino celestial parece ser representado de forma semelhante a uma corte real do antigo Oriente Próximo, com o monarca cercado por conselheiros e emissários, os quais aconselham o rei e executam sua vontade".[29]

Conseguimos ver a versão pagã do conselho divino no gênero horrível de filme que mistura mitologia grega, rock pesado e efeitos especiais cafonas. Recentemente, vi um em que Liam Neeson interpretava Zeus, o rei dos deuses, no conselho divino, olhando do céu para a Terra. Normalmente eu gosto dos filmes interpretados por Neeson, mas todo mundo tem seus pontos baixos na carreira…

Se você estiver pensando: *"Espere aí, isso está na Bíblia!?"*.

A resposta é: de certo modo, sim.

A diferença entre *mitologia* antiga (cf. Liam Neeson como Zeus) e *teologia* hebraica é que, na Bíblia, Yahweh "é o juiz" — ou seja, está acima de todos os supostos "deuses".

A linguagem do poema é fascinante:

"Deus… no meio dos deuses" — ou, em hebraico: *"Elohim… no meio dos elohim"*.

O trecho seguinte do salmo revela o funcionamento interno do universo. Lembre-se: Yahweh é quem está falando com os "deuses":

> Até quando vocês vão absolver os culpados
> e favorecer os ímpios?
> Garantam justiça para os fracos

> e para os órfãos;
> mantenham os direitos dos necessitados
> e dos oprimidos.
> Livrem os fracos e os pobres;
> Libertem-nos das mãos dos ímpios.[30]

Perceba o que os "deuses" estão fazendo: injustiça![31] Estão causando estragos por toda a Terra, impelindo os pobres, os fracos, os jovens e os vulneráveis à sepultura. E Yahweh lhes diz: "Parem com isso! Chega de violência, assassinato, genocídio, estupro, abuso, desastres 'naturais', fome, seca, doença e morte".

Parem com isso!

O salmo termina assim:

> Eu disse: Vocês são deuses,
> todos vocês são filhos do Altíssimo.
> Mas vocês morrerão como simples homens;
> cairão como qualquer outro governante.[32]

Ou, como costumamos falar: *"vocês estão ferrados!"*.

A frase final do salmo é uma oração:

> Levanta-te, ó Deus, julga a terra,
> pois todas as nações te pertencem.

Uau! É muita coisa para absorver.

Vamos dar um passo atrás e juntar todas as peças: todos os escritores bíblicos estabelecem o mesmo ponto fundamental:

Há um único Deus verdadeiro, o Criador, que fez o universo e tudo o que há nele. Ele é inigualável; ninguém se compara a ele.

Mas também há uma multiplicidade de outros "deuses" aspirantes, seres espirituais invisíveis, mas reais. Um estudioso que eu admiro os chama de "deuses com 'd' minúsculo".[33]

Na versão *A Mensagem*, Eugene Peterson traduz Yahweh para o inglês como Deus, com todas as letras em caixa alta.

Assim, há um só Deus.

Mas também há os "deuses".

Veja, não estou dizendo que a mitologia grega é verdadeira e que a *Odisseia* de Homero é um relato historicamente preciso. Sem dúvida, muitos dos "deuses" dos quais lemos eram apenas projeções da imaginação antiga, assim como muitas das ideias antigas sobre os "deuses" estavam completamente erradas.

Mas isso não significa que tudo não passa de invenção.

Se essa linguagem de "deuses" deixa você desconfortável, peço desculpas; mas ela *é bíblica*, mesmo que lhe cause aflição. Mas eu entendo: até os escritores bíblicos posteriores ficavam desconfortáveis com essa referência aos deuses. Quando chegamos a Isaías — um dos últimos escritos antes do tempo de Jesus —, lemos declarações quase contraditórias, como: "Eu sou o Senhor [Yahweh], e não há nenhum outro; *além de mim não há Deus*".[34] Perceba que, no contexto, a declaração é uma hipérbole, é poesia, e não um ensaio acadêmico sobre a diferença entre Yahweh e todos os outros seres espirituais. O ponto do profeta é que a diferença entre Yahweh e os outros "deuses" é tão colossal, tão intransponível, que esses outros seres não são realmente dignos do título de "deuses".[35]

Esse é um ótimo exemplo da necessidade de abordarmos as Escrituras como uma biblioteca diversificada, permitindo interpretações diferenciadas, que reconhecem as perspectivas variadas e as ocasionais tensões entre os seus escritores.

No Novo Testamento, temos Paulo, em sua carta aos Coríntios, lutando para encontrar a linguagem certa:

> Pois mesmo que haja os chamados deuses, quer no céu, quer na terra (como de fato há muitos "deuses" e muitos "senhores"), para nós, porém, há um único Deus, o Pai, de quem vêm todas as coisas e para quem vivemos.[36]

Você percebe a complexidade, o paradoxo e os desafios intrínsecos da linguagem? Não somos os primeiros a nos deparar com essas nuances intrigantes.

Portanto, se você não gosta de chamar essas criaturas espirituais de "deuses", tudo bem. Tenho certeza de que Isaías lhe daria um tapinha nas costas, e duvido que Paulo o repreenderia.

A maioria das pessoas no mundo moderno simplesmente os chama de anjos ou demônios, e isso é aceitável. No entanto, há algumas razões pelas quais evito essa linguagem. Para começar, ela quase não é utilizada no Antigo Testamento.

A palavra *demônio* é usada apenas duas vezes.[37] Além do mais, essas duas palavras —*anjos* e *demônios* — ostentam uma carga cultural enorme.

Pensamos nos anjos como supermodelos suecos loiros, com asas de três metros.

Para esclarecer, nas Escrituras, todo anjo que lemos é do sexo masculino,[38] eles não têm asas e são aterrorizantes — bem diferente das nossas decorações de Natal!

Também pensamos nos demônios como pequenos personagens de desenho animado, com chifres e um tridente, brincando nos ombros do Pernalonga.

Nenhuma dessas caricaturas preguiçosas faz justiça à sua realidade.

O fato é que há muitos termos usados nas Escrituras para descrever o universo espiritualmente carregado em que habitamos:

- deuses
- seres celestiais
- filhos de Deus
- filhos do Altíssimo
- querubins
- serafins
- anjos
- demônios
- príncipes
- senhores
- potestades
- principados
- governantes
- autoridades
- forças espirituais do mal
- poderes deste mundo tenebroso
- espíritos malignos

Se você não gosta de "deuses", apenas substitua a palavra por algo com o qual se sinta mais confortável. Não há problema. O ponto que tento destacar é simplesmente este: eles são *reais*. Não são falsos; não são "não-seres"; não são mitos de uma era supersticiosa.

Mas há muita coisa que não sabemos sobre esses seres espirituais:

De onde vieram?

Como chegaram aqui?

Por que Yahweh não acaba com eles *agora*?

Por quanto tempo vivem? Para sempre? Eles morrem?

Eles se reproduzem?

Existem diferentes níveis de poder e autoridade? Parece que os "deuses"/*elohim* são seres poderosos e com autoridade sobre nações, enquanto os demônios são mais como seres de nível inferior, levando a cabo as ordens dos "deuses"; contudo, neste ponto, estamos mais na esfera da especulação.

Quanta autoridade e poder eles realmente têm?

E quanto ao "Satã"? É uma pessoa ou uma espécie de cargo? Um único ser ou muitos seres? Quanto controle ele tem sobre os demais *elohim*?

Honestamente, *não sabemos*.

Há, sim, muito que *sabemos*; ao mesmo tempo, muita coisa continua obscura. É mais ou menos como o começo de

Guerra nas Estrelas (como quase tudo hoje em dia, não é verdade?). Imagine-se em 1977, vivenciando esta maravilha cinematográfica pela primeira vez:

> **UMA NOVA ESPERANÇA**
> *O período é de guerra civil. Espaçonaves rebeldes, atacando de uma base oculta, obtiveram sua primeira vitória contra o maligno Império Galáctico.*

Você chega ao final dessa introdução e sua mente é dominada por uma série de perguntas: por que há uma guerra civil? Quem são os rebeldes? Por que o Império Galáctico é mau? Algumas dessas perguntas são respondidas na história; outras não. O ponto é que você, o espectador, é simplesmente lançado no meio de uma história já em andamento.[39]

O começo da Bíblia é muito semelhante. Pense em Gênesis 3: há uma *serpente* no Jardim. No antigo Oriente Próximo, a serpente era um símbolo conhecido do caos e do mal. Como a serpente entrou no Éden? Não está claro a partir do texto.

O que *está* claro, porém, é que vivemos em um mundo espiritualmente denso, abarrotado de seres humanos e não humanos.

Também está claro que esses seres espirituais, assim como o ser humano, têm uma medida de livre-arbítrio e autonomia.

Eles podem obedecer e servir a Yahweh, ou podem se rebelar e guerrear contra ele, assim como nós.

Alguns amam o Deus Criador; outros o odeiam e se revoltam contra a sua existência.

Alguns são bons, enquanto outros, maus, perniciosos, sádicos e cruéis.

E, em toda a história de Deus, os pecados dominantes de Israel são a idolatria e sua amiga inseparável, a injustiça. Idolatria e injustiça aparecem página após página nas Escrituras hebraicas. Mas a tentação nunca foi adorar "Yahweh *ou* ____", mas sempre "Yahweh *e* ____". A tentação de Israel foi sempre viver em um relacionamento poliamoroso com os "deuses" em vez de permanecer fiel ao seu verdadeiro esposo, e o subproduto desse relacionamento ilícito é a injustiça. A idolatria corrói o tecido social do mundo.

Israel se volta repetidas vezes para esses outros "deuses", pois eles parecem oferecer à nação exatamente o que ela deseja. Esses "deuses" se assemelham a políticos inescrupulosos, dispostos a falar ou fazer *qualquer coisa* para alcançar o poder, prometendo coisas grandiosas e alegando que não haverá custo algum para o povo. No entanto, uma vez no poder, sua verdadeira natureza se revela, e as consequências se mostram desastrosas.

Em certo momento, o Antigo Testamento dá a impressão de ser a mesma história repetida várias vezes. Você sente essa incômoda sensação de *déjà vu*: Israel segue os outros "deuses"; dá tudo errado; os israelitas rogam por misericórdia; Yahweh intervém para salvá-los.

Isso acontece umas mil vezes.

É por isso que Salmos 82 é uma oração para que Deus *faça algo a esse respeito*, acabando com a tirania desses poderes malévolos e perversos. A oração é para que Deus os expulse, acabe com o caos que eles provocam, libertando, assim, o mundo.

E é nesse ponto, claro, que Jesus entra em cena...

TRÊS: Jesus

Conforme eu disse antes, Jesus veio como a encarnação de Yahweh em pessoa, a materialização do Deus Criador.

À medida que os escritores do Novo Testamento olham para trás e refletem na vida, morte e ressurreição de Jesus, eles deixam claro que um dos principais objetivos de Jesus era desarmar os poderes que guerreavam contra Yahweh.

Repare na forma como João resume a obra de Jesus: "Para isso o Filho de Deus se manifestou: *para destruir as obras do Diabo*".[40]

Ou veja o dado biográfico relatado pelo escritor Lucas: "Deus ungiu a Jesus de Nazaré com o Espírito Santo e poder, e [...] ele andou por toda parte fazendo o bem e *curando todos os oprimidos pelo Diabo*".[41]

Marcos vai direto ao ponto: "Então ele percorreu toda a Galileia, pregando nas sinagogas e *expulsando os demônios*".[42]

No Antigo Testamento, não lemos uma única história sobre expulsão de demônios; não há sequer uma. Em contrapartida, os evangelhos estão cheios de histórias sobre Jesus expulsando todos os tipos de demônios. O que, exatamente, está acontecendo aqui?

É simples: Yahweh está respondendo à oração de Salmos 82. Está vindo para pôr fim à injustiça dos "deuses".

Em nenhum lugar isso é mais claro e convincente do que na morte e ressurreição de Jesus. Por um breve momento, parece que Yahweh perdeu a guerra. Seu Filho está pendurado em uma cruz e sem fôlego algum em seu corpo. Parece o fim. Contudo, três dias depois, o túmulo está vazio, e Jesus, *vivo*. Sua ressurreição quebra a espinha dorsal da própria morte, não por meio da violência, mas através do amor sacrificial.

Paulo expressa os efeitos desse evento da seguinte forma em *Colossenses*: "Tendo despojado os poderes e as autoridades, fez deles um espetáculo público, triunfando sobre eles na cruz".[43]

Jesus fez dos poderes e das autoridades um espetáculo público.

Jesus os envergonhou.

Fez uma dança de vitória na zona final.*

Esta é a leitura mais básica e antiga da cruz.

Desde a Reforma Protestante, a metáfora primária pela qual entendemos a cruz é chamada de "expiação substitutiva". É a ideia de que Jesus morreu em nosso lugar para nos reconciliar com Deus.

A expiação substitutiva é verdadeira e eu acredito nela.

Entretanto, ela é uma dentre várias metáforas utilizadas no Novo Testamento para descrever tudo o que aconteceu com a morte e ressurreição de Jesus. Talvez seja surpreendente para alguns descobrir que, por mais de um milênio e meio, a metáfora dominante não era a da expiação substitutiva, e sim a chamada *Christus Victor*. Para aqueles de nós que não falam latim, a frase significa "Cristo é vitorioso". A ideia por trás de *Christus Victor* é simples: Yahweh está em guerra com os poderes espirituais do universo há milênios, e a cruz é o golpe decisivo, a vitória decisiva, em sua campanha contra o mal. Na cruz, Jesus derrotou Satanás, seu panteão de seres selvagens e perigosos, e até mesmo a própria morte.[44]

É isso o que lhe vem à mente quando você pensa na cruz?

Espero que sim, apesar de que, para muitas pessoas, a resposta honesta é "não". Só que isso, por sua vez, tem um efeito direto sobre como seguimos Jesus.

Pense na vitória de Jesus da seguinte forma: o que o "Dia D" foi para a Segunda Guerra Mundial, a morte e ressurreição de Jesus foram na guerra contra os poderes malignos. Para aqueles dentre vocês que talvez não se lembrem muito bem das aulas de História, o "Dia D" foi o dia em que os Aliados retomaram as praias da França. Na manhã seguinte, no dia 7 de junho de 1944, Hitler e seu regime nazista estavam acabados. Eles não tinham mais chances de vencer. Mas a vitória dos Aliados foi seguida por um ano inteiro de combates sangrentos e horríveis, das praias da Normandia até o centro de Berlim.

Vivemos entre o "Dia D" e o "Dia da Vitória", entre a primeira vinda de Jesus para dar o golpe decisivo e sua segunda vinda, quando ele acabará com o mal para sempre. Enquanto isso, nosso trabalho é permanecer nessa vitória, manter nossa posição, cooperar com a invasão do céu na terra.

Sim, nós "lutamos", mas nossa luta não é com espadas, lanças ou fuzis AK-47; é com oração e amor sacrificial. Então, não se aliste em um batalhão para ir a uma guerra; ajoelhe-se e dê a sua vida.

Afinal, há um mundo invisível *ao nosso redor*, que é tão real quanto aquele que podemos ver e tocar, provar e cheirar.

Algumas reflexões sobre cosmovisão...

A questão toda se resume na cosmovisão. Sua cosmovisão é a forma como você vê o mundo. Pense nela como um par de óculos que você coloca todas as manhãs antes de vivenciar o seu dia.

A maioria dos ocidentais não aceita a ideia de um mundo invisível ao nosso redor; parece mais um absurdo supersticioso da humanidade pré-moderna. (Qual é? Somos educados, sofisticados; temos a Wikipedia).

Mesmo como seguidores de Jesus, é fácil sermos sugados para o quadro secular. Sim, acreditamos em anjos, mas não pensamos muito neles, exceto na véspera de Natal. Nos demônios? Meu palpite seria que sim, cremos que existem. No entanto, agimos como se todos os seres demoníacos tivessem se aposentado por volta de 70 d.C. e se mudado para a Indonésia.

Porque essa é a cosmovisão na qual fomos criados.

Mas, porventura, ela é compatível com a cosmovisão de Jesus e dos escritores bíblicos?

Na minha opinião, há três grandes cosmovisões, todas competindo por exclusividade.

A primeira é o **politeísmo**. *Poli* significa "muitos", e *teísmo*, "deuses". O politeísmo é a ideia de que existem *muitos deuses*: deuses da montanha, deuses do vale, deuses do mar, deuses da fazenda, deuses do campo. E aqui está o ponto principal dessa cosmovisão: alguns deuses têm o mesmo poder e autoridade.

Como adorador, você escolhe um com base no local onde você vive, no que teme ou no que deseja e, em seguida, faz sacrifícios para trazer o(s) deus(es) para o seu lado.

Os deuses não são monogâmicos, de modo que você pode adorar um ou cinquenta; não importa. Mas o que quer que você faça, não os deixe zangados.

Sem dúvida, essa *não* é a cosmovisão de Jesus.

No outro lado do ringue se encontra uma recém-chegada em cena, relativamente falando: o **universalismo**. Essa cosmovisão está por toda a minha cidade, e eu diria que é a cosmovisão dominante em nosso tempo. Em essência, a ideia é que, lá fora, em algum lugar do universo, há um único Deus, não muitos. Talvez esse "Deus" seja ele/ela/eles/isto/estado de ser — quem somos *nós* para dizer? E, quando se trata da multiplicidade das religiões do mundo, "todos os caminhos levam à mesma montanha". Então, se você é cristão, judeu, muçulmano, hindu ou um sacerdote Wicca, não importa. No final, todos o levam a Deus.

Lamento dizer, mas essa também não é a cosmovisão de Jesus.

Às vezes eu gostaria que fosse. Parece um conceito legal, aberto e moderno.

Na verdade, ao conhecermos as origens dessa cosmovisão, seu suposto encanto se dissipa. Essa perspectiva emerge diretamente do imperialismo europeu.[45] Na virada do século XIX, os britânicos e seus amigos europeus expandiram seu domínio colonial pelo mundo e, consequentemente, acabaram expostos a novas e diversas formas de espiritualidade: na África, o animismo; no Oriente Médio, o islamismo; no sudoeste asiático, o culto aos ancestrais; na Índia, o hinduísmo; no Japão, o budismo.

A maioria dos homens que colonizavam o mundo "não civilizado" eram deístas, o que significa que eles acreditavam em algum tipo de Deus, porém achavam que, depois de criar o mundo, Deus o abandonou, deixando-o convenientemente para ser conquistado.

Assim, à medida que esses homens aprendiam sobre a diversidade de fé em todo o mundo, começavam a notar temas comuns nos ensinamentos de Jesus, Maomé, Buda e em todas as grandes religiões. Foi então que eles concluíram: *"talvez todas essas religiões estejam basicamente dizendo a mesma coisa; no final, todas elas devem levar ao mesmo lugar"*.

De fato, há semelhanças entre as religiões do mundo — entre, digamos, os ensinamentos de Jesus e de Buda. Sem dúvida podemos encontrar semelhanças em ambos.

Mas também existem entre eles diferenças abismais, gigantescas, *irreconciliáveis*.

O problema com o universalismo é que nenhum dos povos *conquistados* pensa que está adorando o mesmo Deus que todo o mundo; essa é a visão do *conquistador*.

A verdade é que todos os povos do mundo são diferentes e adoram "deuses" muito diferentes.

Tudo isso nos leva à última e definitiva cosmovisão, a qual acredito ser a de Jesus e dos escritores da Bíblia. Ela é classificada como **monoteísmo**.

A ideia básica por trás do monoteísmo é fácil: *mono* significa "um"; existe *um único* Deus. Mas "monoteísmo" não é uma palavra usada por Jesus ou por qualquer dos escritores da Bíblia, de modo que precisamos ter cautela na forma como a definimos.

Veja como muitos cristãos ocidentais entendem o monoteísmo:

Não há lugar para quaisquer outros "deuses" no paradigma; alguns pressupõem que os deuses sequer são reais. E a única maneira de alguém "subir a montanha" é através de Jesus.

Yahweh (parte 2)   P 099

Contudo, apresento uma maneira melhor de pensarmos sobre o assunto, uma forma mais alinhada com as Escrituras:

Uma maneira melhor de se pensar sobre o monoteísmo

Yahweh

Jesus

Judaísmo Islamismo Espiritual Budismo Hinduísmo Animismo

Humanidade

Imagine isto: em vez de uma montanha, *existem muitas* e, no topo de cada montanha, encontra-se um ser espiritual real — Zeus, Shiva ou a deusa mãe Wicca. Chame-os de "deuses", demônios ou do que lhe parecer mais adequado. Gosto da linguagem de Paulo sobre "principados e potestades nas regiões celestiais"[46] — ele não esclarece se são bons, maus ou neutros, mas apenas diz que esses seres *existem*.

E não é que "todos os caminhos levam à mesma montanha", mas que há *diferentes caminhos subindo diferentes montanhas*.

Entretanto, no topo da montanha está o *único* e verdadeiro Deus Criador — acima de todos os outros. Ele não é apenas maior e melhor: ele se encontra em uma categoria totalmente diferente. E não há um caminho até a montanha do Deus Criador. Esse Deus, o único ser realmente digno do título "Deus", aquele que é chamado de Yahweh no Antigo Testamento e de "Deus nosso Pai e [...] Senhor Jesus Cristo" no Novo[47] — está no céu, não na terra. Só que, em Jesus, ele desce a montanha. Yahweh se torna o rabino da Galileia para resgatar e salvar o mundo.

A questão não é que "Jesus é o único caminho que leva a Deus"; ele *é sim* o único caminho, mas uma forma melhor de dizermos a mesma coisa é: Jesus é Deus *vindo* até nós.

QUATRO: Nós

Estou ciente de que isso pode ser desconcertante para você, mas fique comigo por mais alguns minutos, porque, se o que estou dizendo é verdade, há profundas e amplas implicações sobre como pensamos sobre o mal, a espiritualidade e a idolatria.

Vamos refletir um pouco sobre cada um desses assuntos.

A começar pelo mal.

Uma das principais objeções que as pessoas têm à ideia de Deus — se não for *a* principal — é esta: *Se há um Deus e ele é todo amoroso e todo-poderoso, por que existe o mal no mundo?* Os filósofos chamam isso de o "problema do mal", e é uma fonte de descrença para milhões de pessoas. Repare nisto: para *milhões* de pessoas.

Simplesmente não conseguimos encontrar uma maneira de reconciliar o que vemos nas notícias todos os dias — ISIS, estupros em campi universitários, outro jovem negro morto pela polícia em uma abordagem de rotina, uma criança devorada por um jacaré na Flórida — com a ideia de um Deus Criador que é "compassivo e misericordioso".

Mas o que é estranho é que os escritores bíblicos têm pouco ou nada a dizer sobre o problema do mal, pelo menos no sentido filosófico.[48] Os escritores da Bíblia não debatem natureza do mal, não teorizam sobre suas origens e nem sequer têm uma crise de fé por causa de um tsunami.

Por quê?

Porque o mal era um *pressuposto*.

Veja, por exemplo, a oração central de Jesus: "Venha o teu reino, seja feita a tua vontade, assim na terra como no céu".[49]

Note que Jesus *parte do pressuposto* de que a vontade de Deus *não* era feita na terra. Daí a sua oração.

Para Jesus, o céu é o lugar onde a vontade de Deus é feita *o tempo todo*. A terra, por outro lado, é o lugar onde a vontade de Deus é feita *algumas vezes*, uma vez que, na Terra, há outras "vontades" em jogo. Deus não é o único com uma vontade — uma agenda para o que ele quer ver acontecer no mundo e a capacidade de realizá-la.

Os seres humanos também têm uma medida de livre-arbítrio.

Além disso — preste atenção no que estou para escrever —, os *seres espirituais* também têm certa medida de livre arbítrio.

Alguém poderia argumentar que até a natureza tem uma "vontade" própria.

Repare que são muitas vontades:

A vontade de Deus.

A minha vontade.

A vontade de meus amigos, familiares, colegas de trabalho, vizinhos e de alguns outros bilhões de seres humanos.

A vontade de Satanás e de sua armada demoníaca.

Até mesmo a vontade da natureza.

Todos vivendo no bom e *livre* mundo de Deus — alguns sob a autoridade vivificante de Deus, outros em pura rebelião.

Para esclarecer, não é que a vontade de Deus seja fraca, em pé de igualdade com todas as outras vontades, como se nós, Deus e Satanás fôssemos todos jogadores iguais competindo pela dominação do mundo. A questão é que, no universo que Deus escolheu criar, o amor é o valor mais elevado — e o amor exige escolhas, e escolhas exigem liberdade. Portanto, Deus escolheu limitar sua capacidade avassaladora de sobrepor qualquer "vontade" contra si, a fim de criar espaço para uma liberdade verdadeira e genuína para suas criaturas, humanas e não humanas. E o mal é o subproduto dessa liberdade que Deus incorporou ao tecido do universo. Simplificando, Deus é incrivelmente bom, mas o mundo que chamamos de lar é um lugar não só lindo, mas terrivelmente livre e perigoso.[50]

Se você perdeu o interesse ou ficou aborrecido agora, tudo bem. Eu também fico um pouco exaltado com tudo isso. Essa é uma área de desacordo generalizado na igreja global e histórica; é um assunto complexo. Todos concordam que Deus é Rei e suas criaturas são livres, mas ninguém concorda sobre o que exatamente "livre" significa. É realmente difícil compreender esse conceito. Alguns seguidores de Jesus dão mais espaço para o controle de Deus sobre o universo, enquanto outros enfatizam o livre-arbítrio e a autonomia de suas criaturas.

Cuidado com qualquer um que alegue ter resolvido a questão. Há *muito* mistério aqui, e precisamos respeitar esse fato.

Em minha experiência como pastor, no entanto, quando as pessoas interpretam os acontecimentos ruins de suas vidas, elas raramente dão espaço para o livre-arbítrio dos *seres humanos*, muito menos para os *seres espirituais*. E, em minha opinião, quando ignoramos o poder e a autoridade de Satanás e seus companheiros no mundo, acabamos atribuindo *o mal de Satanás* a Deus.

Essa é uma crise de fé apenas prestes a acontecer. A realidade é que o planeta Terra é o cenário de uma guerra cósmica. Então, é *claro* que há maldade presente. Você vive em um campo de batalha; há danos colaterais por toda parte. Os escritores bíblicos apenas *partem do pressuposto* de que o universo está cheio de seres espirituais reais e com um grau de poder para animar impérios do mal, desencadear injustiças, interromper respostas às orações, moldar "desastres naturais" e até mesmo tomar as mentes e corpos das pessoas para realizarem seus propósitos sombrios.

Um teólogo traduz essa celeuma da seguinte maneira: "Quando temos a consciência vital de que entre Deus e a humanidade existe uma vasta sociedade de seres espirituais, seres que se assemelham muito aos humanos em termos de inteligência e livre-arbítrio, não há dificuldade em reconciliarmos a realidade do mal com a bondade do Deus supremo [...] *e o problema do mal é simplesmente lançado em segundo plano*".[51]

Penso que essa última declaração é um pouco exagerada. Por favor, não me interprete mal. Eu *não* estou dizendo: "Algo ruim aconteceu na sua vida? Ah, foi obra de Satanás!".

O que estou dizendo é que precisamos voltar à cosmovisão de Jesus e seus amigos, os escritores hebreus. Porque quando nossa visão de mundo passou a ser mais moldada pelo secularismo do que pelas Escrituras, acabamos criando um problema filosófico sem uma boa solução.[52]

Então, quando o mal vier bater à sua porta, não tenha uma crise de fé, como se Yahweh fosse o culpado. É muito mais provável que não seja culpa dele. Em vez disso, lamente e se encontre com Deus no lugar da dor. Em seguida, levante-se e junte-se a Jesus em sua missão de transformar o mal em bem.

E, acima de tudo, anseie pelo dia em que Jesus retornará para *acabar com o mal de uma vez por todas*.

Em segundo lugar, a espiritualidade — ou, se você preferir, a religião.

Eu moro em Portland, Oregon, o epítome da nova categoria de escolha em uma pesquisa religiosa: "espiritual, mas não religioso". Na minha cidade, se você perguntar a alguém sobre Deus ou a igreja, eles geralmente dirão: "Não vou à igreja alguma, mas sou espiritual". Por "espiritual", a maioria das pessoas apenas quer dizer que valorizam o significado e o propósito, assistem *Oprah*, fazem uma aula de *yoga* de vez em quando ou praticam a atenção plena. No entanto, um número crescente de pessoas realmente *é* "espiritual" no verdadeiro sentido da palavra — ou seja, relaciona-se com algum espírito.

Se você é de uma cidade mais conservadora, talvez as pessoas digam: "Não estou convencido sobre o cristianismo, mas acredito em Deus".

Eu costumava acenar com a cabeça, sorrir e mudar de assunto. Mas agora eu faço uma pergunta para continuar a conversa:

"Você é espiritual? Legal. *Com quem* você é espiritual?".

Ou...

"Você acredita em Deus? Isso é ótimo. *Qual?*".

Eu nunca digo que a experiência de espiritualidade das pessoas não é real. Nunca argumento que é falso ou que elas têm uma imaginação hiperativa. Em vez disso, falo sobre o quanto Jesus é melhor do que todas as outras opções.

Como ele é a encarnação do único e verdadeiro Deus Criador, que fez cada um de nós. E como os outros "deuses" ou espíritos — ou seja lá como você queira chamá-los — são perigosos.

Isso também significa que precisamos ser cuidadosos e discernir e ficar atentos quando se trata de "espiritualidade". Cartas de tarô, cartomancia, tabuleiros ouija — essas coisas estão mais populares do que nunca. Muitas pessoas riem delas como uma piada; mas e se não for? E se pelo menos *parte* disso for legítimo?

Há algum tempo, uma garota universitária da minha igreja veio até mim toda abalada. Sua amiga foi a uma cartomante, e ela foi capaz de prever o futuro. Algumas semanas depois, a previsão se cumpriu exatamente como a vidente de cinquenta dólares por hora disse que aconteceria.

Mas essa garota não tinha uma categoria para isso, visto que, em sua mente, era tudo falsidade e ilusão. A moça reagiu como uma clássica cristã secularizada ocidental e, por isso, o cumprimento do que a vidente previra a deixou profundamente abalada.

Quando as pessoas consultam uma cartomante, manuseiam cartas de tarô na intimidade do lar, prostram-se diante de um ídolo na Índia ou entoam cânticos em um templo Bahá'í, em algum recanto urbano — e quando essas mesmas pessoas experimentam algo vívido, tátil e real durante essas práticas —, não se trata necessariamente de psicose, alucinação ou faz de conta.

São experiências espirituais, mas não com o Espírito de Jesus: são experiências com *outro* espírito.

Por último, falemos um pouco sobre a idolatria.

Há mandamentos em todas as Escrituras para ficarmos o mais longe possível da idolatria. Já lemos o segundo mandamento, mas o Novo Testamento fala a mesma coisa, repetidamente.

Paulo escreve: "Meus amados irmãos, fujam da idolatria".[53]

João segue com: "Filhinhos, guardem-se dos ídolos".[54]

Se você está na igreja há algum tempo, as chances são de que você já ouviu um sermão ou dois sobre idolatria, e o pastor disse algo como: "um ídolo é qualquer coisa que toma o lugar de Deus no seu coração."

Um pregador que eu amo declarou o seguinte: "Se algo se torna mais fundamental do que Deus para sua felicidade, significado na vida e identidade, então é um ídolo [...]. De fato, o coração humano é uma fábrica que produz ídolos em massa".[55]

A ideia aqui é que um ídolo é uma coisa boa que se torna suprema — o ídolo se torna *a coisa mais importante*. A conversa sobre idolatria se torna uma conversa sobre *prioridades*. Nossa tarefa é vigiarmos contra os "os ídolos do coração."

Veja, estou de pleno acordo que precisamos vigiar o nosso coração.

Só não acho que é isso que os escritores da Bíblia querem dizer com idolatria.

Ao menos não acho que esse seja o seu significado *primário*, seu valor de face.

Um ídolo não é uma "coisa boa que se torna suprema"; é uma estátua que representa algum tipo de ser espiritual real. O ídolo serve como um intermediário, um condutor, um lugar para o adorador se encontrar com o seu "deus".

Alguns ídolos, naturalmente, não passam de um pedaço de pedra, metal ou madeira que alguém esculpiu para ganhar um pouco de dinheiro, de forma que, quando o adorador se curva diante dele, *nada acontece*.

Mas outros ídolos são portais para um relacionamento com um ser espiritual real, de forma que, quando o adorador se aproxima para orar, sacrificar ou compartilhar uma refeição pelos mortos, *algo acontece*.

Paulo, por exemplo, escreve isto para os seguidores de Jesus da Corinto do primeiro século: "Portanto, que estou querendo dizer? Será que o sacrifício oferecido a um ídolo é alguma coisa? Ou o ídolo é alguma coisa? Não! *Quero dizer* que o que os pagãos sacrificam é oferecido aos demônios e não a Deus, e não quero que vocês tenham comunhão com os demônios".[56]

Observe que, para Paulo, o perigo da idolatria não é que suas prioridades estejam fora de ordem, mas o fato de você, basicamente, se relacionar com um demônio.

A idolatria era uma questão delicada e volátil na igreja apostólica. No antigo Mediterrâneo, os templos estavam no centro de toda a vida social, assim como dos negócios e do comércio. No templo, você faria mais do que simplesmente adorar: faria amigos, comeria refeições, negociaria, assinaria contratos, compraria, venderia etc. Então, se você se tornasse um seguidor de Jesus e tivesse de deixar o contato com os templos, isso realmente lhe custaria caro.

No mundo ocidental, esse não é um problema para a maioria das pessoas. Templos são relíquias que você visita durante uma excursão histórica quando está de férias na Grécia. Religiões orientais — como o hinduísmo — também estão ganhando popularidade e, com elas, vem a adoração aberta de outros "deuses." (Acabei de fazer uma pausa e caminhei até um restaurante tailandês para jantar; havia um ídolo na vitrine da frente). Na maior parte do tempo, porém, é fácil evitarmos os templos.

Mas isso não significa que eu estou fora de perigo.

Eu realmente acho que há um significado secundário nos avisos do Novo Testamento contra a idolatria, um significado que ressoa de forma especial no mundo moderno.

Em uma sociedade secular, os "deuses" se tornaram não espirituais — dinheiro, sexo, poder, mais seguidores no Twitter, abdomes mais definidos —, qualquer coisa que "tome o lugar de Deus no seu coração."

Os templos se transformaram em shoppings, estádios de esportes e câmaras do senado.

A adoração se tornou o sacrifício do dinheiro, do tempo, de sua saúde ou família, sua virgindade ou qualquer coisa que lhe custe para obter o que você deseja na vida.

Mas é disto que precisamos nos lembrar: por trás desses não deuses não espirituais e seculares, muitas vezes há um ser espiritual e *real* à espreita. Como no caso de um ídolo que não passa de um pedaço de madeira, pedra ou metal, muitas vezes há uma criatura por trás dele com uma quantidade assustadora de poder.

O estudioso do Novo Testamento N. T. Wright explica esse fenômeno da seguinte forma: "Quando nós, seres humanos, cometemos idolatria — adorando aquilo que não é Deus como se fosse — estamos dando a outras criaturas e seres do cosmos um poder, um prestígio, uma autoridade sobre nós que nós mesmos, debaixo da autoridade de Deus, deveríamos exercer sobre eles. Quando você adora um ídolo, a despeito de quem seja, você abdica de algo da sua própria autoridade humana sobre o mundo e a entrega a essa coisa, seja ela o que for".[57]

Não posso deixar de pensar na obsessão de nossa cultura pelo sexo e no lado obscuro da pornografia *hardcore*, do tráfico sexual e da prostituição infantil que acontecem em nossas próprias cidades.

Será que é razoável dizer que não há nada demoníaco por trás *disso*?

Penso também na busca desenfreada por dinheiro no Ocidente e no alto custo da globalização. Hoje, há mais de 28 *milhões* de escravos no mundo — mais do que nunca. Para uma pequena fração do mundo viver no luxo ao estilo ocidental, são necessários centenas de milhões de pessoas vivendo sob opressão econômica — quando não em escravidão total. Claro, seus sapatos novos são ótimos e custaram apenas trezentos reais. Mas eles foram feitos por uma mulher pobre no Vietnã, trabalhando doze horas por dia, sete dias por semana, apenas para sobreviver.

Você está me dizendo que o pesadelo em que o comércio global se tornou é apenas uma questão de negócios ruins? Empresas corruptas e gananciosas? Que *não há* poder demoníaco trabalhando aqui?

Às vezes eu me pergunto se não são justamente as coisas não espirituais em nosso mundo secular que correspondem às mais espiritualmente letais. Nas palavras do infame Keyser Söze: "O maior truque que o Diabo já fez foi convencer o mundo de que ele não existe".[58]

Essa idolatria é um pouco diferente da "idolatria" no Novo Testamento, *mas, ainda assim, é mais um motivo para nos mantermos longe dela*. O dinheiro já exerce uma grande atração e influência por si só. O sexo é intoxicante e viciante. Se acidentalmente abrirmos a nossa vida para um ser demoníaco por trás do dinheiro, do sexo ou de qualquer outra coisa que seja o nosso "deus" de escolha, estaremos em problemas ainda maiores.

Então, para finalizar:

Somos seres criados, o que significa que somos programados para a adoração. Fomos criados por Deus para amar e viver por algo maior do que nós mesmos.

A adoração não é uma coisa religiosa; é uma coisa *humana*.

Seguidores de Jesus adoram.

Judeus adoram.

Muçulmanos adoram.

Hindus e Wiccanos e Druidas e neopagãos e Mórmons e Testemunhas de Jeová e feiticeiros tribais adoram.

Além do mais, famosos antideus e ateus seculares de Oxford adoram.

Todos nós fazemos sacrifícios. Quando você lê sobre sacrifício de animais na Bíblia, tenha em mente que, no mundo antigo, os animais eram uma forma de moeda — aquilo que, com o tempo, tornou-se o dinheiro.

No que você gasta seu dinheiro?

E quanto ao precioso bem ao qual chamamos de tempo?

Quando você se encontra necessitado, em apuros ou em uma situação difícil, para onde você vai a fim de encontrar um escape? Para um livro sagrado, um templo, um tapete de ioga, um cântico, uma garrafa, uma academia, um site ou um relacionamento?

Onde você busca a relevância e o significado que durarão mais do que seus poucos anos neste planeta Terra?

Nós simplesmente não podemos parar de adorar, assim como não podemos parar de respirar.

Em seu discurso de formatura no Kenyon College, o romancista e crítico social David Foster Wallace disse de forma eloquente: "Nas trincheiras do dia a dia da vida adulta não há, na verdade, tal coisa como ateísmo. Não existe tal coisa como não adorar. Todos adoram. A única escolha que temos é *o que* adorar".[59]

Wallace prosseguiu, advertindo que, se você adorar a coisa errada, isso "irá te devorar vivo".

Adore beleza, romance e sexo... e você sempre se sentirá feio e solitário; e, ao envelhecer, você morrerá décadas antes de seu tempo.

Adore dinheiro, bens e aquele carro extra que você não precisa... e você sempre se sentirá pobre, insatisfeito e infeliz com a vida que realmente tem.

Portanto, reitero: existe um único Deus Criador verdadeiro, o qual fez o mundo e tudo de bom, belo e verdadeiro nele. Esse Deus — e só ele — merece adoração. Ele é a única fonte de vida, paz, significado e importância que durará além da morte e para sempre.

Ame-o com todo o seu coração, alma e força, com cada pedaço do seu ser. Não ame Camos, Afrodite, Shiva, Elvis, o novo Audi, abdomens definidos, um histórico acadêmico perfeito ou qualquer outra coisa que esse "deus" possa representar para você.

Adore a Deus.

Capítulo 3
Compassivo e misericordioso

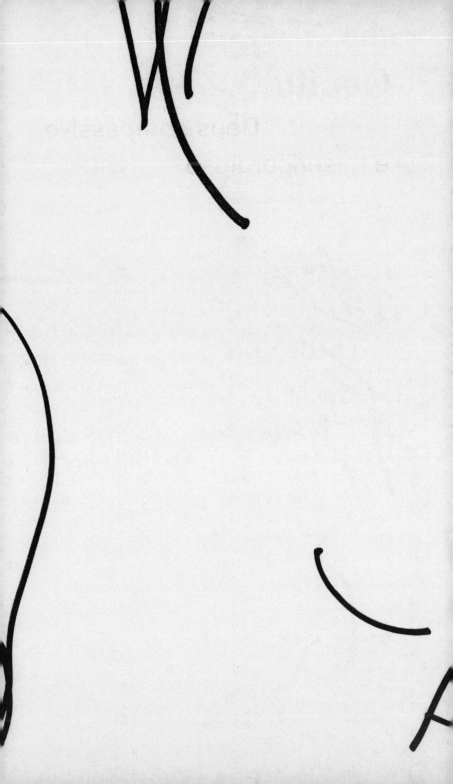

"Senhor [Yahweh], Senhor [Yahweh], **Deus compassivo e misericordioso**, paciente, cheio de amor e de fidelidade, que mantém o seu amor a milhares e perdoa a maldade, a rebelião e o pecado. Contudo, não deixa de punir o culpado; castiga os filhos e os netos pelo pecado de seus pais, até a terceira e a quarta gerações."

Deus como Pai e Mãe, e sua atitude fundamental para conosco: a misericórdia

Imagine-se vivendo no antigo Oriente Médio, em 1500 a.C. Você é um hebreu, anteriormente fora escravo no Egito e agora vaga pelo deserto ao redor do monte Sinai.

Você habita um universo espiritualmente carregado de "deuses" e "deusas", e esses seres divinos são tudo, menos agradáveis. Leia qualquer texto antigo. Os deuses eram *maus* — caprichosos e volúveis, prontos para explodir de raiva ao menor deslize.

Por isso, a atitude mais lógica que você pode tomar é fazer sacrifícios para manter os deuses longe — ou talvez para conseguir o apoio dos deuses. Você começa com um pássaro ou uma cabra, e depois aumenta para um touro; com o tempo, porém, os deuses podem pedir o seu filho, talvez até o seu primogênito.

Você se recorda das aulas de história da civilização mundial, no primeiro ano do ensino médio? Lembra da história de Troia? Ela acontece por volta da mesma época em que Moisés esteve no monte Sinai.[1] O rei grego Agamenon navega pelo Mediterrâneo para lutar na Guerra de Troia, mas sua frota está parada na água, sem vento, visto que Ártemis — a deusa da Grécia — está zangada;[2] ela *vive* zangada! Ártemis exige que Agamenon faça um sacrifício brutal: que ele ofereça a sua filha Ifigênia. Então, o que acontece? Agamenon faz o sacrifício, cortando a garganta de sua filha para aplacar a ira de Ártemis.

Imediatamente, *o vento começa a soprar.*

Mito ou história?

Padrões climáticos aleatórios de uma era supersticiosa ou um *elohim* cruel e maligno em ação?

Difícil dizer.[3]

Entretanto, se você vive no mundo antigo, vive com medo dos deuses.

Então, Yahweh — repita comigo: *o único Deus verdadeiro, o Criador!* — vem ao seu resgate. Ele o salva do Egito, conduzindo-o pelo mar Vermelho e pelo deserto. Dá-lhe comida e água para sobreviver à jornada. E você não fez nada para merecer nada disso.

Quem é *esse* Deus?

Esse Deus não se parece em nada com Ártemis, com Amon-Rá ou Marduque. Ele lhe diz seu nome — Yahweh —, atraindo-o para um relacionamento. Ao que tudo indica, Yahweh quer realmente conhecer e ser conhecido por você.

Então, ele lhe diz como ele é; e a primeira coisa que você aprende é que ele é "compassivo e gracioso".

Nas Escrituras hebraicas, a ordem importa. A ordem é uma pista sobre o que é mais importante. O fato de "compassivo e gracioso" estar no topo da lista de traços de caráter de Yahweh significa que é o aspecto dominante — a coisa *mais importante* que há para sabermos sobre ele.

Agora, essa frase "compassivo e gracioso" é *rahum we-hanun* em hebraico.[4]

Você consegue dizer isso?

Vamos lá, tente...

Rahum we-hanun.

Muito bem!

Rahum we-hanun são duas palavras que formam um paralelo em hebraico. Significa que elas não apenas soam parecidas, mas estão posicionadas lado a lado como forma de ajudar a explicar uma à outra.

Vamos separar essas duas palavras e depois uni-las novamente.

Comecemos com *rahum*, ou "compassivo". Geralmente, o termo é traduzido por "misericordioso".[5] Vem de uma palavra-raiz cujo significado é "útero feminino". A ideia por trás disso é o sentimento que uma mãe tem em relação ao seu filho recém-nascido.

Quer dizer que Yahweh é uma mãe?

Yahweh tem um útero?

Tem *sentimentos*?

De certa forma, sim.

Veja alguns exemplos de como *rahum* é usado nas Escrituras:

Nos livros históricos, encontramos uma narrativa peculiar sobre duas mulheres brigando, cada uma afirmando ser a mãe de certo bebê. Mas, lembre-se, estamos no mundo antigo e não há testes de DNA, de forma que o rei Salomão surge com um plano engenhoso: cortar o bebê ao meio e dá-lo para ambas as mães. Seu propósito era revelar a mãe verdadeira. Imediatamente, a mãe legítima "movida pela compaixão materna, clamou: 'Por favor, meu senhor, dê a criança viva a ela! Não a mate!'".[6]

O texto original hebraico diz que ela foi profundamente movida por seu *rahum* — por seu amor intenso, visceral e maternal por seu filho.

Aqui está outra ocorrência: no profeta Isaías, Yahweh diz: "Haverá mãe que possa esquecer seu bebê que ainda mama e não ter *compaixão* do filho que gerou? Embora ela possa esquecê-lo, eu não me esquecerei de você!".[7]

Uma das minhas referências favoritas, no entanto, se encontra na poesia hebraica. Para começar, o escritor cita Êxodo 34:6:

> O Senhor [Yahweh] é compassivo e misericordioso,
> mui paciente e cheio de amor.

Em seguida, Davi fala sobre o *rahum* de Yahweh:

> Como um pai tem *compaixão* de seus filhos,
> assim o Senhor [Yahweh] tem *compaixão* dos que o temem.[8]

Portanto, *rahum* é como um pai ou uma mãe *se sente* em relação a seus filhos.

Observo minha esposa, Tammy, com os nossos três filhos. Se houver o mínimo de choro no meio da noite, ela sai da cama e se põe ao lado deles, geralmente antes mesmo de eu acordar.

Ela é *compassiva*.

Honestamente, não sou compassivo por natureza e, para dizer a verdade, não levo muito jeito com crianças: sou quieto, organizado e... *arrumado*. No entanto, meus três filhos derretem o meu coração como *manteiga*.

Outro dia, Moses — meu filho de seis anos — perguntou se poderíamos lutar. Moses tem dificuldade de pronunciar o "r", de sorte que, para ele, "lutar" vira "*lutá*". Estava no meu escritório respondendo um e-mail e lhe disse: "Desculpe, Moses, agora não. O papai está ocupado".

Sua réplica foi: "Se eu te der um beijo a gente pode *lutá*?".

Cinco segundos depois, estávamos no chão, rindo e dando chutes no ar como mestres de *kung fu*.

Quando se trata dos meus filhos, sou *compassivo*. Sinto um amor e afeto profundamente enraizados por Jude, Moses e Sunday.

E isso é apenas um vislumbre, um eco fraco de como Yahweh se sente em relação a *seus* filhos, em relação a você e eu.

Tragicamente, para alguns de vocês, o afeto de Yahweh não faz sentido algum. Sua família é tão fraturada que você não tem ideia do que é ter um pai compassivo. Seu pai estava sempre zangado com você, apenas esperando que você errasse. Ou sua mãe era a perfeccionista arquetípica — sempre resmungando, criticando e agindo com você de forma condescendente. Você nunca era inteligente o suficiente, atlético o suficiente, bonito o suficiente, bom o suficiente. Ou talvez seus pais simplesmente não foram presentes e você teve de se virar. Assim, a ideia de Yahweh como um pai não ressoa em seu coração.

Entretanto, para outros, a compaixão de Yahweh toca em uma parte profunda da alma, especialmente se você mesmo é pai ou mãe. Você sabe que não há amor tão feroz quanto o de uma mãe ou pai por um filho. O amor de um homem por uma mulher, de um soldado por seu país, de um fã de esportes por seu time — *nada* disso chega *perto* do amor de um pai por seus filhos. É esse tipo de amor emotivo, visceral, gravado em seus ossos que é mais forte do que a própria vida.

E é isso que Deus sente por você.

Pare por um momento.

Deixe essa ideia criar raízes em você...

Então, *rahum*, ou "compaixão", é uma palavra que retrata *sentimento*.

Em contraste, "gracioso" — em hebraico, *hanun* — é uma palavra de *ação*. Significa "mostrar graça" ou "mostrar favor". *Hanun* é algo que você faz. A palavra tem essa ideia de ajuda: quando você *hanun*, você ajuda a pessoa em um momento de necessidade.

Hanun, por exemplo, é usada em Êxodo: "Se tomarem como garantia o manto do seu próximo, devolvam-no até o pôr-do-sol, porque o manto é a única coberta que ele possui para o corpo. Em que mais se deitaria? Quando ele clamar a mim, eu o ouvirei, pois sou [*gracioso*]".[9]

Aqui, "gracioso" tem alude a taxas de juros em um empréstimo; fala de justiça aos pobres. É um casaco que nos mantém aquecidos à noite.

A palavra aparece novamente em *2Reis*: "Hazael, rei da Síria, oprimiu os israelitas durante todo o reinado de Jeoacaz. Mas o SENHOR [Yahweh] foi [*gracioso*] para com eles, teve compaixão e mostrou preocupação por eles".[10]

Nesse contexto, "gracioso" significa salvar Israel da aniquilação por um exército estrangeiro. É um muro de defesa ao redor de uma nação embrionária.

Então, a palavra aparece em *Salmos*. O poeta cita Êxodo 34:

> Tu, Senhor, és Deus compassivo e misericordioso,
> muito paciente, rico em amor e fidelidade.

Então vem uma oração:

> Volta-te para mim! Sê *gracioso* para comigo!
> Concede a tua força a teu servo,
> e salva o filho da tua serva. (tradução minha)[11]

Nessa passagem, orar pela "graça" ou "misericórdia" de Deus é pedir para que ele resgate e salve Israel do perigo; é pedir para que o Deus que responde *faça alguma coisa* para salvar o seu povo.

Recapitulando: "compassivo" é uma palavra de *sentimento*. Yahweh é como um pai, até como uma mãe, e nós, como seus filhos. "Gracioso", por sua vez, é uma palavra de *ação*. Significa que, como um pai, Deus vem ao resgate dos filhos quando eles precisam de ajuda.

Essas duas palavras se interligam e se fundem para nos mostrar como Yahweh é: ele é compassivo e gracioso.

Quando nos apresentamos diante de Deus — na oração matinal, no culto da igreja, durante a nossa corrida da tarde ou no meio de uma crise no trabalho — nos apresentamos diante de um Deus que *sente*, que se preocupa conosco. Também nos apresentamos perante um Deus que *age*, que quer ajudar e intervir em nossa situação.

Na minha percepção, há três maneiras básicas de as pessoas se apresentarem diante de Deus...

A primeira é **baseando-nos no que fizemos.**

Soa assim: "Deus, sou uma boa pessoa. Vou à igreja, faço trabalho voluntário, até contribuo financeiramente. Então, você poderia ____?".

Voltamos à fórmula matemática. A ideia implícita aqui é que Deus lhe *deve* algo, mas esse jogo raramente funciona com Deus. A única coisa que pode efetivamente impedi-lo de receber a misericórdia de Deus é pensar que você a merece. Essa é uma das muitas razões pelas quais as pessoas religiosas muitas vezes estão mais distantes de Deus.

A segunda maneira é **baseada no que foi feito conosco**, ou em nossas circunstâncias.

Talvez você esteja em uma situação difícil. A vida não está indo bem e você precisa de ajuda. Sua oração, então, soa mais ou menos assim: "Deus, está realmente difícil agora; é como se eu estivesse em um inferno. Como você pôde deixar isso acontecer comigo? Não é justo. Por isso, você poderia ___?".

Bancamos a vítima. Tentamos mostrar a Deus o quanto precisamos de sua misericórdia, procurando manipulá-lo para conseguir o que queremos.

A propósito, há um momento e um lugar para orarmos assim, para lamentarmos, para protestarmos contra tudo o que está errado em nossa vida.

Mas há uma maneira melhor de seguirmos adiante, uma terceira maneira de nos apresentarmos diante de Deus: não baseada no que fazemos ou no que fizeram contra nós, mas **baseada em quem Deus é — baseada em sua misericórdia**.

Nessa postura, a oração soa algo como: "Deus, o Senhor é compassivo e se importa comigo; e o Senhor é gracioso, o Deus que nos ajuda. Apesar de o Senhor não me dever nada e várias pessoas se encontrarem em situações muito piores do que a minha, eu peço, com base na tua misericórdia, que o Senhor ____".

Mais uma vez, a oração não é uma fórmula. Não há uma maneira "certa" de se orar, mas Yahweh parece achar esse tipo de oração muito mais convincente do que qualquer outra coisa.

Mas é assim que você e eu nos aproximamos de Deus, ou não?

Continuemos. Toda essa conversa sobre como Yahweh é bom soa aconchegante, mas há um lado perturbador na misericórdia de Deus...

DOIS: Histórias

Obviamente, há muita violência na Bíblia. O mundo antigo era um lugar bárbaro e cruel (e não continua sendo hoje?), e Yahweh, como sempre, estava muito à frente de seu povo, guiando-o para um mundo onde você ama seus inimigos — não os decapita. Mas essa é uma longa jornada, e lemos muitas histórias sangrentas de guerra ao longo do caminho — o tipo de histórias sobre as quais os ateus comentam em seus blogs, os fundamentalistas gritam e a maioria de nós simplesmente ignora e finge que não é um problema.

Essas histórias são um desafio, e não há como contorná-las. Elas são difíceis de conciliar com o caráter de Yahweh e os ensinamentos de Jesus.

Contudo, as Escrituras apresentam um desafio ainda mais profundo: a abundância de narrativas sobre a misericórdia divina. Essas histórias superam em número as de natureza violenta. Em meio ao caos e à destruição, Yahweh, o Deus de compaixão e graça, age incessantemente para resgatar e salvar.

Precisamos manter essas histórias vivas.

Aqui está uma: a história de um profeta chamado Jonas. Algumas pessoas a consideram uma história verídica, enquanto outras acham ela se parece mais com uma alegoria. De qualquer forma, é uma ótima história. Na primeira linha da autobiografia de Jonas, lemos que a palavra de Yahweh veio a Jonas, filho de Amitai: "Vá depressa à grande cidade de Nínive e pregue contra ela, porque a sua maldade subiu até a minha presença".

Nínive era a capital do Império Assírio. A Assíria era o império dominante da época e o arqui-inimigo de Israel. Os assírios estavam em guerra contra os hebreus há séculos, de forma intermitente; e os ninivitas eram lendários. Há algumas décadas, arqueólogos encontraram uma biblioteca ninivita. Seus escritos são uma *loucura*.

Falando de uma cidade que acabara de destruir, o rei Salmanaser II disse o seguinte: "Ergui uma pirâmide de cabeças na frente de sua cidade. Seus jovens e suas donzelas, queimei-os nas chamas".

O quê? O rei assírio fez uma pilha gigante de cabeças perto do portão de entrada da cidade e queimou mulheres e crianças vivas? Graças a Deus pela Convenção de Genebra!

Seu filho, Senaqueribe, disse o seguinte sobre um rei que ele derrotou: "Eu [o] esfolei e espalhei sua pele sobre o muro da cidade".[12]

Se você fosse um rei antigo, sem dúvida ser esfolado vivo estaria na lista das dez principais coisas que você *não* gostaria que lhe sobreviessem!

Um dos descendentes de Senaqueribe, o rei Assurbanipal, fez jus à fama da família. Escrevendo sobre outro rei e outra guerra, ele disse: "Perfurei seu queixo com meu punhal afiado. Atravessando de sua mandíbula... passei uma corda, coloquei uma corrente de cachorro nele e o fiz ocupar... um canil".[13]

Essas *não eram* pessoas agradáveis!

Se você é Jonas, Nínive não é exatamente um lugar onde você quer implantar uma igreja. É por isso que o versículo seguinte nos diz que o profeta fugiu de Yahweh e se dirigiu para Társis.[14]

Nínive ficava a leste de Israel, a alguns dias de caminhada.

Társis ficava a oeste, do outro lado do oceano, na borda da Espanha. Era literalmente a última cidade no mapa do mundo antigo, o equivalente hebraico de Tombuctu.[15]

Assim, Jonas corre para a *direção exatamente oposta* — para o último vestígio da civilização. Preste atenção, porém, nesse esquisito trecho do enredo. Por mais terríveis que fossem os assírios, Jonas não está fugindo de Nínive; ele está fugindo de *Yahweh*. Por quê? Não descobrimos o motivo antes do final da história.

Depois de um encontro com uma tempestade e um peixe com problemas digestivos, Jonas finalmente chega a Nínive.[16] Ele anda pela cidade pregando uma mensagem de uma frase só: "Daqui a quarenta dias Nínive será destruída".[17]

É isso. Nenhum sermão com introdução, desenvolvimento e conclusão. Nenhuma história fofa sobre seus filhos. Nenhum apelo para os ninivitas darem um passo à frente. A mensagem foi de *uma frase só*: Yahweh vai matar todos vocês.

Entretanto, em uma reviravolta chocante, os ninivitas se arrependem! Eles se afastam da adoração a outros deuses, da violência e da injustiça que resultam dessa adoração; eles se voltam para a adoração a Yahweh, o Criador. Até o rei se arrepende. O rei convoca um dia de luto, e as pessoas vestem pano de saco e imploram pela misericórdia de Yahweh. Então, lemos: "Tendo em vista o que eles fizeram e como abandonaram os seus maus caminhos, Deus se arrependeu e não os destruiu como tinha ameaçado".[18]

Em hebraico, a palavra para "se arrependeu" é *naham*. Lembra dessa palavra? Significa que ele "mudou de ideia".[19] Por quê? Porque — você sabe o que estou para dizer! — Deus *responde*. Há certa elasticidade em seu relacionamento com as pessoas. Ele ia destruir os ninivitas, mas, ao ver arrependimento genuíno, teve misericórdia e mudou de ideia, e a cidade continuou a desfrutar uma longa vida.

Mas é aí que a história fica *ainda mais interessante...*

Você espera que Jonas explodirá de alegria, certo? O profeta experimentou em primeira mão um dos maiores moveres de

Deus na história humana. Contudo, em vez disso, Jonas tem o equivalente adulto de um ataque de birra.

Jonas desabafa com Yahweh: "Foi por isso que me apressei em fugir para Társis". Seus piores temores se concretizaram.

E então — espere! — ele cita Êxodo 34 para Deus!

"Eu sabia que tu és Deus misericordioso e compassivo, muito paciente, cheio de amor e que prometes castigar, mas depois te arrependes. Agora, Senhor [Yahweh], tira a minha vida, eu imploro, porque para mim é melhor morrer do que viver".[20]

Ah! Isso é tão bom!

Jonas está furioso, fervendo de raiva contra Yahweh. Por quê? Porque Yahweh foi compassivo e gracioso para com seus inimigos. Porque Deus, por natureza, "promete castigar, mas depois se arrepende". Deus *naham*: ele responde a todos os tipos de pessoas.

Aqui está o ponto da história: todos nós amamos que Deus seja compassivo e gracioso para conosco ou para com os nossos amigos.

Mas e quando ele é misericordioso com os nossos inimigos? Com pessoas que esfolam nossos reis como um couro de animal, queimam nossas mulheres vivas e levam nossos filhos para a escravidão?

E quando Deus mostra misericórdia para com as pessoas que nos machucam, nos pisoteiam, fofocam pelas nossas costas, mentem a nosso respeito para o chefe, nos traem, se divorciam de nós e nos abandonam?

E quando Deus é misericordioso para com *elas*?

Esse é o problema com este Deus Yahweh: não há como confiar que ele reterá bênçãos de pessoas que não as merecem. Esse Deus anda por aí abençoando todo tipo de gente desagradável, pessoas que não são religiosas, espirituais ou *boas*.

Porque ele é compassivo e gracioso para com *todos*.

A maioria de nós quer misericórdia para nós mesmos, mas justiça para todos os demais. Mas não funciona assim: Deus demonstra misericórdia para com *todos*.

Fui profundamente magoado duas vezes na minha vida. Ambas as vezes foi por um amigo. Há dois lados em cada história, mas, do meu ponto de vista, ele estava errado. Fiz o meu melhor para consertar as coisas, mas ele sequer se arrependeu. Não demonstrou remorso nem fez um pedido de desculpas. Apenas traição e dor.

A primeira vez foi difícil; no entanto, não muito tempo depois da ruína do nosso relacionamento amigável, a vida dele desmoronou, e a minha ficou muito bem, de forma que eu superei.

Contudo, a segunda vez foi muito mais difícil. Depois de seguirmos caminhos distintos, meu amigo começou a dizer coisas desagradáveis pelas minhas costas, distorcendo a verdade. Acabei me tornando o vilão. Várias pessoas deixaram a nossa igreja por causa de rumores falsos — e doeu *profundamente*.

Mas você está pronto para a pior parte? Ele se saiu *muito* bem. A mão de Deus estava por toda a vida dele, abençoando-o a cada passo.

Fiquei furioso! Parecia nada menos do que uma injustiça. *Deus, como você pôde?* O trabalho emocional foi simplesmente brutal, mas, no final, cheguei a perceber algo sobre Deus que nunca vou esquecer: *é assim que Deus é — compassivo e gracioso*. Ele anda por aí abençoando todo tipo de pessoas, mesmo aquelas que não merecem.

E *eu* sou a prova viva disso.

E é bem provável que você também seja.

Quem sou eu para pensar que "mereço" a bênção de Deus mais do que qualquer outra pessoa? Em retrospecto, vejo várias áreas onde errei naquele relacionamento. Minha inocência era um mito; eu não era a vítima. E a maneira como finalmente alcancei a paz foi voltando diariamente ao reconhecimento de que *tudo* na vida diz respeito à misericórdia de Deus.

Observe, porém, que Yahweh também é justo, e ele fica irado. Voltaremos nesse ponto mais tarde. Por enquanto, saiba que a atitude básica de Yahweh em relação a você é misericórdia.

TRÊS: Jesus

Vemos isso em todos os ensinamentos de Jesus. Um dos ensinamentos mais perturbadores e impopulares de Jesus foi sobre a não violência e o amor aos inimigos:

"Vocês ouviram o que foi dito: 'Ame o seu próximo e odeie o seu inimigo'. Mas eu lhes digo: Amem os seus inimigos e orem por aqueles que os perseguem".[21]

Milhares de anos depois, *ainda* não conseguimos lidar totalmente com a intensidade dessa declaração. Uma coisa é não matarmos os nossos inimigos, mas amá-los? Isso é particularmente difícil nos Estados Unidos, onde nosso nível de conformidade com a violência militar é tão elevado; afinal, somos os "mocinhos". Até mesmo os *cristãos* — em particular, os cristãos americanos — têm muita dificuldade com os ensinamentos de Jesus sobre o amor aos inimigos. Muitos de nossos compatriotas preferem bombardear inimigos, torturá-los com afogamento simulado ou atacá-los com drones.

Qualquer coisa, *menos* amá-los.

Os ensinamentos de Jesus sobre o amor aos inimigos são mais subversivos do que nunca. Para Jesus, porém, não se tratava de uma ideia abstrata, e sim de uma realidade concreta, baseada no caráter de Yahweh.

Jesus prossegue, dizendo que "seu Pai [...] faz raiar o seu sol sobre maus e bons e derrama chuva sobre justos e injustos".[22]

Lembre-se: o texto foi escrito para uma sociedade agrária, na qual sol e chuva eram dádivas de Deus. Jesus está essencialmente dizendo que, cada vez que o sol nasce e a chuva cai, isso é Deus amando seus inimigos, pois Deus, por natureza, é misericordioso.

A linguagem da misericórdia é usada em todos os evangelhos, o que faz sentido, porque Jesus é o Deus compassivo e gracioso andando por aí como o rabino de Nazaré.[23]

Em Lucas 17, dez homens com lepra se dirigem a Jesus e "gritam em alta voz: 'Jesus, Mestre, tem [*compaixão*] de nós!'".[24]

Em Lucas 18, um homem cego está mendigando à beira da estrada. Quando Jesus se aproximou o suficiente para ouvi-lo, o homem "se pôs a gritar: 'Jesus, filho de Davi, tem *misericórdia* de mim!'".[25]

Em Mateus 17, um menino está sob o controle de um demônio, sofrendo de epilepsia e automutilação. Seu pai, desesperado por cura e liberdade para o seu filho, cai de joelhos diante de Jesus e ora: "Senhor, tem *misericórdia* do meu filho".[26]

Em história após história, as pessoas vêm a Jesus, imploram por misericórdia e saem de sua presença saudáveis e livres.

Mas Jesus não está apenas curando pessoas por ser um homem bonzinho. Muitos pensam em Jesus como o equivalente do primeiro século ao Sr. Rogers,* o homem feliz com uma obsessão por sapatos. Embora, sem dúvida, Jesus fosse alguém extremamente agradável, ele também ficava irado — às vezes, muito irado.

A misericórdia de Jesus não vem de uma personalidade descontraída, mas nasce de seu caráter: do caráter de *Yahweh*.

A história mais famosa que Jesus já contou foi sobre um pai e seus dois filhos.[27]

Um dos filhos é um festeiro compulsivo e impetuoso; o outro é esnobe e presunçoso.

O filho festeiro pede sua herança antecipadamente, o que, em uma cultura antiga de honra/vergonha, é o ato máximo de desonra. Essencialmente, ele está pedindo ao pai para que se apresse e morra logo. Em uma reviravolta alarmante, o pai (que você rapidamente percebe se tratar de uma imagem de Yahweh) consente em dar a herança antecipada, e o filho narcisista "foi para uma região distante; e lá desperdiçou os seus bens, vivendo irresponsavelmente".[28] Enquanto isso, o irmão mais velho fica em casa para ser um bom menino e trabalhar no campo.

Naturalmente, o filho pródigo fica sem dinheiro, e sua vida desmorona. Ele acaba na pobreza extrema — comendo comida de porcos, o fim da linha para um jovem judeu. Finalmente, ele cai em si e decide voltar para casa e implorar ao pai por misericórdia.

Ao se aproximar da casa, porém, (e se isso fosse um filme, a próxima parte aconteceria em câmera lenta), "seu pai o viu e, cheio de *compaixão*, correu para seu filho, e o abraçou e beijou".[29]

Geralmente, lemos a história como se ela fosse sobre os dois filhos.

Mas e se, na verdade, for sobre o pai?

O filho fez de *tudo* que se pode imaginar para partir o coração de seu pai, mas a compaixão do pai é inabalável.

E veja só: essa é a forma como Jesus enxerga Deus.

Para Jesus, Deus é um pai misericordioso, que tem profunda empatia por seus filhos — o tipo de pai que vê seu filho rebelde no horizonte e corre para encontrá-lo porque simplesmente não pode esperar mais um minuto para abraçá-lo e trazê-lo ao seu peito.

Jesus tinha um nome que usava repetidamente para se referir a Deus: *Pai*.

Para Jesus, a principal maneira pela qual nos relacionamos com Deus não é como um mortal insignificante se encolhendo diante de uma divindade zangada e maligna no céu, mas como filhos e filhas no colo do Papai — em confiança e em vulnerabilidade, em intimidade e em relacionamento de amor.

QUATRO: Nós

Vamos, então, respirar fundo e terminar com força.

Como já disse anteriormente, quem **Deus é tem implicações profundas sobre quem nós somos**.

Há uma ideia profundamente hebraica que remonta a Moisés no monte Sinai. Nos escritos rabínicos mais antigos sobre Êxodo 34:6-7, os rabinos falam sobre a "imitação de Deus", ou seja, como o trabalho de Israel é "imitar" Deus — copiar, emular e imitar o que Deus é para o mundo. O mundo deve descobrir como Deus é ao olhar para o povo de Deus.

Desta forma, Êxodo 34 não é apenas o ponto de partida para uma teologia de Deus; é também um manifesto sobre como o povo de Deus deve viver.

Deus é compassivo; logo, nós devemos ser compassivos.

Deus é gracioso; portanto, nós também devemos ser.

Há uma relação simbiótica entre um Pai e seus filhos e filhas: somos da mesma família; partilhamos do mesmo DNA.

Vemo-lo no ensinamento sobre amar os inimigos, o qual lemos algumas páginas atrás. Observe a justificativa de Jesus para amarmos os nossos inimigos: "Amem os seus inimigos e orem por aqueles que os perseguem, *para que vocês venham a ser filhos de seu Pai que está nos céus*".[30]

A palavra *filhos* pode ser traduzida por "herdeiros". Não somos apenas filhos de Deus: somos herdeiros de Deus, os filhos reais do próprio Rei Yahweh. E o nome da família está em jogo. É nosso trabalho, nossa responsabilidade, carregar a honra da família, representar o nosso Pai para o mundo.

Na versão da história de Lucas, Jesus acrescenta: "Sede misericordiosos, assim como o Pai de vocês é misericordioso".[31] É o tipo de declaração marcante, com ressonância, vibração e eco.

O mundo precisa de mais misericórdia — muito mais! Temos posts demais, artigos de opinião demais e comentaristas demais — e há espaço para isso —, mas o que nós realmente precisamos é de filhos e filhas do Pai que saiam ao mundo e mostrem a misericórdia de Deus.

Misericórdia é uma daquelas coisas que você nunca tem o suficiente.

Para alguns de vocês, este é, literalmente, o seu dom. Em *Romanos*, Paulo escreve que "se o seu dom [...] é mostrar misericórdia, que o faça com alegria".[32] Alguns de vocês são *muito* bons nisso, como se tivessem um talento incomum para a misericórdia. Penso, por exemplo, na minha esposa Tammy, que é compassiva e graciosa por natureza. A misericórdia está enraizada em sua personalidade; ela é a empatia em pessoa. Pessoas vêm até ela nos lugares mais aleatórios — geralmente na fila do supermercado ou quando estamos atrasados para um compromisso — e *despejam* nela todos os seus segredos mais profundos e obscuros. Minha esposa tem um dom incrível.

Eu, por outro lado — bem, eu *não tenho* esse dom.

Parte disso é apenas minha personalidade — sou do tipo *A*, orientado a tarefas, impaciente.

Penso de forma rápida e me movo mais rapidamente ainda. Por isso, em meus momentos mais fracos, posso facilmente parecer abrupto ou desdenhoso.

Ou, como Jesus diria, *sem misericórdia*.

Mas também tem a ver com minha visão de Deus. Ah, eu sei que Deus é "compassivo e gracioso"; afinal, estou escrevendo um livro sobre o assunto, certo? Eu sei disso. Em um nível inconsciente, porém, parte de mim ainda sente que Deus está irritado comigo, como se eu fosse uma frustração, uma decepção, um fracasso e precisasse ganhar o seu amor.

Talvez seja minha criação em uma igreja relativamente fundamentalista. Talvez seja um acontecimento traumático da minha infância, o qual meu terapeuta ainda não descobriu. Talvez seja apenas a minha personalidade — eu projetando minha própria estrutura em Deus. Não sei. Mas está lá, no meu íntimo.

Eu vivo com essa sensação incômoda de que preciso:

Colocar minha vida em ordem.

Trabalhar mais.

Fazer mais.

Ser melhor.

Ganhar meu sustento.

Aumentar o nível.

E parar de enrolar.

De onde vem esse sentimento? Não de Deus.

De forma lenta, mas segura, estou aprendendo — ou *re*aprendendo — que Deus é misericordioso. A maior parte da minha educação tem sido em um programa de pós-graduação chamado *paternidade*. Há nove anos, quando o meu primeiro filho nasceu, eu finalmente comecei a entender como Deus se sente em relação a mim. Jude não fez nada além de chorar, fazer caquinha, dar gastos, roubar a sanidade da minha esposa e me manter acordado a noite toda, *mas eu não conseguia parar de beijá-lo*. Eu era um hidrante com a tampa quebrada — uma torrente de emoções amorosas despejando o meu coração.

E isso vindo de *mim* — do Sr. Tipo *A*.

Você consegue imaginar como *Deus* se sente em relação aos seus filhos?

Para concluir: na Bridgetown Church, gosto de terminar meus ensinamentos com perguntas. Jesus frequentemente fazia isso — deixava o seu público com perguntas em vez de respostas.

Então, aqui estão algumas que me vêm à mente:

Quem são seus inimigos? As pessoas que abusam de você, pisam em você, falam mal de você, cravam a faca um pouco mais fundo, fazem da sua vida um inferno? As pessoas que você odeia?

Como seria para você mostrar misericórdia a elas? Até mesmo *amá-las*?

Comece com isso: perdoe-as.

Mas e se elas sequer se arrependerem? Não importa. Liberte-as da sede que você tem por justiça.

Depois, ore por elas. E não ore por um pneu furado, por falência, para que o avião caia em um tornado sobre o sul da Califórnia ou para que elas saiam para um encontro importante e só depois percebam que têm um pedaço de alface no meio dos dentes de frente. Não! Mesmo que você queira orar por justiça, ore por misericórdia, por bênçãos.

E prepare-se para Deus responder sua oração.

Em seguida, quem são as pessoas a quem você tem oportunidades diárias de mostrar misericórdia?

Com quem você se depara no dia a dia? Seriam as pessoas do escritório, da academia, da igreja e de casa que precisam de misericórdia?

Dica: geralmente são as pessoas que mais irritam você...

Se você tem uma aliança no quarto dedo, então é o seu cônjuge. O casamento é a arte de aprender a perdoar de novo e de novo e de novo. O casamento só funciona quando ninguém está mantendo uma pontuação, quando ninguém "ganha" ou "perde", quando todos os dias são uma chance de dar e receber misericórdia.

Quando o seu cônjuge comete um erro (e ele cometerá!) — seja esquecendo-se de colocar o lixo para fora na segunda-feira à noite, atrasando o pagamento da conta de luz, falando com a boca cheia durante o jantar ou simplesmente fazendo algo que o irrite —, você demonstra misericórdia?

Aliás, não podemos nos autoavaliar; esse é o tipo de pergunta que você faz ao seu cônjuge.

Acabei de perguntar a Tammy se ela acha que sou misericordioso. Quer saber o que ela me respondeu? "Nem tanto". Só que então ela complementou que a cada ano fico um pouco melhor — um pouco mais compassivo, um pouco mais gracioso. Acho que é disso que se trata seguir a Jesus.

Se você é pai ou mãe, então tem a chance de mostrar misericórdia todos os dias. Pais, um dos trabalhos mais importantes que vocês têm é mostrar aos filhos o caráter de Yahweh. Se vocês os amarem da forma correta, será muito mais fácil para eles acreditarem em um Deus compassivo. Mas se vocês forem rabugentos e sempre gritarem com eles, e então lhes ensinarem que Deus é o seu "Pai", não espere que isso faça qualquer sentido para eles.

Um dos maiores presentes que você pode dar aos seus filhos é criá-los para que tenham o mínimo possível de "*desaprendizagem*" a fazer quando crescerem, especialmente sobre Deus.

Talvez você seja solteiro, sem um cônjuge e sem filhos. Para você, talvez o foco seja o seu colega de quarto, irmão ou amigo.

Aqui está o "x" da questão: *pessoas difíceis nunca são difíceis de se encontrar.* Há muitas por aí. É provável que você tenha uma na sua rua ou no seu prédio, no escritório ou na sua igreja. Se não, há sempre os feriados com aquele seu tio esquisito…

Quem Deus colocou na sua vida — para frustrá-lo e te irritá-lo?

Ouça: toda vez que você os vê, toda vez que eles lhe causam irritação ou aborrecimento e deixam você com raiva, é uma oportunidade de, como Deus, você mostrar misericórdia.

Não perca essa chance.

Por fim, você acredita honestamente que Deus é seu Pai? Acredita nisso do fundo do seu coração? Que Deus é como um pai, *sente* compaixão por você, é gracioso e quer te ajudar?

É assim que você se relaciona com Deus? Você se achega a ele com confiança, liberdade, intimidade e antecipação — como uma criança que se aproxima da mãe ou do pai?

Se não, não há momento melhor do que o presente. Eu falo sério. Agora mesmo, sentado aí e lendo este livro, você pode se aproximar da presença de Deus.

Há uma alusão a Êxodo 34 no livro neotestamentário de *Hebreus*: "Assim, aproximemo-nos do trono da graça com toda a confiança, a fim de recebermos misericórdia e encontrarmos graça que nos ajude no momento da necessidade".[33]

Consegue escutar os ecos do monte Sinai nesse texto?

Essa é uma declaração sobre como devemos nos aproximar de Deus, e eu amo a escolha de palavras do escritor — *com toda a confiança*. Devemos nos aproximar do Deus que chama mundos à existência *com confiança* porque ele é o nosso Pai. Vamos ao seu "trono da graça", não como mendigos de rua, mas como filhos e filhas — herdeiros reais do reino.

Quando chego em casa do trabalho, meus filhos não se curvam e rastejam para beijar meus pés, mas correm e *pulam* em meus braços — "Papai!".

Confiança. *É assim* que devemos nos aproximar de Deus.

Portanto, em que área você precisa de misericórdia?

Em quais esferas você tem necessidade de graça e socorro?

Coloque este livro de lado.

Vá ao Pai, como o filho ou filha que você é.

Apele à compaixão dele. Rogue por sua graça.

Não importa onde você esteve ou o que fez recentemente: mesmo com o cheiro da pocilga ainda em sua boca, o Pai já está correndo em sua direção — de braços abertos e sorriso largo. E os cozinheiros já estão ocupados, preparando a refeição para a festa.

Capítulo 4
Tardio em irar-se

"Senhor [Yahweh], Senhor [Yahweh], Deus compassivo e misericordioso, **paciente [tardio para ficar irado]**, cheio de amor e de fidelidade, que mantém o seu amor a milhares e perdoa a maldade, a rebelião e o pecado. Contudo, não deixa de punir o culpado; castiga os filhos e os netos pelo pecado de seus pais, até a terceira e quarta gerações."

A razão pela qual, na verdade, ansiamos pela ira de Deus

Ok, acabamos de chegar à metade. Muito bem. Sinto que estamos chegando a algum lugar, e o melhor ainda está por vir.

Neste capítulo, começaremos falando de anatomia humana, passaremos por Daniel Day Lewis e, logo depois, falaremos sobre um profeta hebreu obscuro, seguido por gráficos, adesivos de para-choque e Jesus derrubando mesas; por último, falaremos do que tudo isso significa para amanhã de manhã, quando nos levantarmos da cama.

Este esboço lhe parece razoável? Espero que sim...

O próximo item da lista é "tardio em irar-se".

A imagem proposta é divertida. Em hebraico, "tardio em irar-se" é *erek apayim*, que literalmente significa "de narinas longas".

É sério; não estou inventando isso. As narinas de Deus são *muuuito* longas, pode acreditar.

Ao contrário da opinião popular, não existe uma tradução literal, palavra por palavra da Bíblia. É impossível traduzirmos diretamente uma língua para outra, especialmente uma língua semítica antiga como o hebraico para uma língua moderna.[1] Mas "tardio em irar-se" é perfeito para captar o significado por trás dessa antiga imagem verbal.

Pense no que acontece quando você perde a paciência: seu peito suga uma golfada de ar e suas narinas se dilatam enquanto você metralha a sua vítima com palavras.

Entretanto...

Se você é *tardio* para se irar, quando fica bravo, você fecha a boca, aperta os lábios e respira pelo nariz.

Você age como alguém de *erek apayim*.

De narinas longas.

Tardio em irar-se.

A frase é usada duas vezes em uma coleção de antigos dizeres de sabedoria hebraica chamada *Provérbios*. Em cada exemplo, aprendemos mais sobre esse aspecto de Yahweh.

Em Provérbios 14, lemos:

> O homem que é *erek apayim* dá prova de grande entendimento, mas o precipitado revela insensatez.[2]

Aqui, o antônimo de tardio em irar-se é "de gênio precipitado": você fica bravo de forma rápida e com facilidade.

Há uma máxima similar em Provérbios 16:

> Melhor é o *erek apayim* do que o guerreiro, mais vale controlar o seu espírito do que conquistar uma cidade.[3]

Nesse versículo, o sinônimo de tardio em irar-se é "controlar o seu espírito", ou o que chamamos de autocontrole. Se você é lento para se irar, continua tendo sentimentos de frustração, porém não perde o controle nem explode quando fica emocionalmente agitado; você tem controle sobre sentimentos de frustração, raiva e até mesmo fúria.

Então, aqui está a ideia básica: **você pode deixar Deus irritado, mas terá de se esforçar muito para fazê-lo chegar a esse ponto**.

Observe, no entanto, o seguinte: há dois lados para esta parte do caráter de Yahweh.

De um lado, Deus é *tardio* em irar-se.

Diferentemente dos outros "deuses", Yahweh não tem um temperamento explosivo. Ele não é volátil, irritadiço ou espasmódico. Não perde a cabeça, bate a porta e sai furioso de casa após uma espécie de ataque de raiva divino.

Quando a Bíblia hebraica foi traduzida para o grego, os estudiosos hebreus traduziram *erek apayim* com uma palavra grega que significa "paciente". Na verdade, as primeiras traduções para a língua inglesa usavam a palavra *longânimo*. O termo é ainda melhor, pois faz um ótimo trabalho em captar a ideia. Yahweh é paciente, longânimo.

Houve outra tradução antiga da Bíblia hebraica chamada *Targum*. Era uma tradução para o aramaico — provavelmente a língua que Jesus cresceu falando. Essa tradução era mais uma paráfrase, sem uma afetação exagerada em relação ao hebraico original. Mesmo assim, eu amo como eles traduziram Êxodo 34: Deus é "paciente, aquele que afasta a ira e aproxima a compaixão".[4]

Nessa leitura da época de Jesus, a ira de Yahweh está *longe*, porém a sua compaixão, *perto*.

Tipo como Daniel Day Lewis.

Trata-se de uma conexão um tanto *inesperada*, não é mesmo?

Você já viu o filme *Lincoln*? A atuação de Lewis nesse filme é incrível. Acho incrível a cena em que o presidente está com seu Gabinete em uma reunião noturna na Casa Branca. Lincoln quer aprovar a Décima Terceira Emenda e acabar com a praga da escravidão, mas toda a sua equipe é contra ele — cada membro dela.

O presidente é a voz solitária. Há um momento dramático em que os membros de seu Gabinete estão gritando uns com os outros, como adolescentes cheios de hormônios, mas Lincoln está apenas sentado lá na cabeceira da mesa, quieto e calmo. A briga interna fica feia e continua aumentando, até que, finalmente, ele *bate* o punho na mesa e *grita*: "Não posso mais ouvir isso!".

Um silêncio recai sobre a sala, visto que a raiva *não* lhe é característica. Como você pode imaginar, todos se calam e escutam.

Amo essa cena, uma vez que, quando Lincoln finalmente deixa escapar sua raiva, ele o faz de propósito, de modo deliberado e sob controle. E o momento é apropriado. Sua ira é a resposta emocional certa.

Acho que esse momento faz um ótimo trabalho em capturar a ideia de "paciente" ou "tardio em irar-se".

Não sei como você imagina Deus, mas caso pense nele como alguém pronto para fulminá-lo com um raio no segundo em que você errar, esse simplesmente não é Deus — de jeito nenhum!

Deus é *tardio* em irar-se.

De outro lado, porém, Deus é tardio em *irar-se*.

O que quer dizer que ele fica bravo, sim — às vezes, *muito* bravo. Essa é uma característica de Yahweh sobre a qual não gostamos de falar, mas precisamos.

Hoje, muitas pessoas abandonaram a ideia de uma divindade irada no céu como a ressaca de uma era pré-moderna e supersticiosa. Mas as Escrituras falam da "ira" de Deus mais de *seiscentas vezes*.

Aqui estão algumas amostras:

Em *Salmos*, lemos:

> Deus é um juiz justo,
>> um Deus que manifesta cada dia o seu *furor*.
> Se o homem não se arrepende,
>> Deus afia a sua espada,
>> arma o seu arco e o aponta.[5]

Deus tem uma espada? Um arco? Um depósito de armas? Talvez seja por isso que o profeta Habacuque ora: "Em tua *ira*, lembra-te da misericórdia".[6]

Você não quer deixar Deus zangado.

O rei Davi diz o seguinte sobre Deus:

> *Odeias* todos os que praticam o mal.
>> Destróis os mentirosos;
>> os assassinos e os traiçoeiros
>> o Senhor [Yahweh] *detesta*.[7]

Ou, em outro poema:

> O Senhor [Yahweh] prova o justo,
>> mas o ímpio e a quem ama a injustiça,
>> a sua alma *odeia*.[8]

Deus odeia?

Detesta pessoas?

Mas Deus não é amor?

Bem, observe *quem* Deus odeia: o "ímpio" e "a quem ama a injustiça". Imagine o terrorista em um shopping center com bombas amarradas ao peito, o trapaceiro roubando a viúva idosa, o político corrupto, o pai abusivo, o estuprador que sai impune, o pedófilo que é chamado de "tio".

Quando as pessoas me dizem: "Não posso acreditar em um Deus de ira", a minha resposta é: "*Pode, sim*".

Toda vez que você lê sobre uma criança vendida para a prostituição por sua família; toda vez que você ouve falar de mais um derramamento de óleo no mar por uma corporação multinacional descuidada e gananciosa; toda vez que você lê sobre estupro, assassinato ou genocídio — toda vez você pensa consigo mesmo: *Isto não deveria acontecer.*

Você está certo. Isso *não* deveria acontecer. Não é a vontade de Deus. Não há nenhum plano secreto por trás de toda a injustiça no mundo: trata-se apenas do mal, puro e simples. "Deuses" e seres humanos estão em guerra contra Yahweh. Sim, Yahweh tem um plano para transformar toda essa bagunça em algo bom, mas ele ainda sente a dor da guerra. Lembre-se de que ele é uma *pessoa*, não uma ideia. Ele tem sentimentos. E ele *sente* raiva por causa da maldade no mundo.

Há momentos em que a resposta saudável, adequada e emocionalmente madura contra o mal é a raiva.

Aqui está minha definição favorita da ira de Deus: "seu antagonismo firme, implacável, incessante e intransigente contra o mal, em todas as suas formas e manifestações".[9]

Repare que a ira de Deus é muito diferente da *nossa* ira — pelo menos de grande parte da nossa ira. Deixe-me esboçar alguns exemplos…

Nossa ira quase sempre advém de um ego ferido: alguém nos machucou, nos fez sentir estúpidos, se aproveitou de nós ou não fez o que queríamos. É algo inerentemente egoísta, até mesmo narcisista.

Mas a ira de Yahweh vem de um amor paternal por seus filhos, como a raiva de um pai ao ver um traficante tentando vender drogas para seus filhos, ou a braveza em relação ao caçula que sempre corre para o meio da rua.

Nossa ira frequentemente excede a ofensa; é desproporcional. Reflito sobre as palavras do teólogo Cornelius Plantinga: "Todo tiro é fogo retributivo".[10] Ou seja, a história humana é um ciclo interminável de violência: ele me agrediu, então eu o espanquei; ele incendiou minha propriedade, então tirei a vida da esposa dele; eles atacaram os nossos arranha-céus, então nós invadimos o país deles. Etc., etc. É por isso que o preceito da Torá "olho por olho, dente por dente" estava milênios à frente de seu tempo.[11] O impulso natural quando alguém nos fere é retaliar com o *dobro* de intensidade. Alegamos buscar justiça, mas geralmente ansiamos por vingança. Considere a nossa fascinação por filmes de vingança, em que o protagonista embarca em uma jornada de fúria. Lembra daquele filme em que sequestram a filha de Liam Neeson (*este sim* foi um filme divertido, senhor Neeson...)? E qual é sua resposta? Ele mata uns trinta homens![12] E nós vibramos!

A ira de Deus não é assim; a punição é proporcional ao crime. Há uma justiça que simplesmente não podemos igualar.

Nossa ira — ou pelo menos a minha — é rápida em se inflamar e age com pressa. Não espera que toda a história venha à tona ou para dar uma segunda chance. É *im*paciente.

A ira de Yahweh, por sua vez, está no ritmo certo; ela espera de forma paciente. Ela se acumula até o momento e lugar certos.

Então, aqui está o terreno que cobrimos até agora: Deus fica com raiva, mas isso não ocorre com frequência. Sua linha de base é "compassivo e gracioso, *paciente*".

DOIS: Histórias

Vamos examinar mais uma história em que Êxodo 34:6-7 é citado, e na qual vemos essa ideia se desenrolar. Para fazer isso, vamos revisitar a cidade de Nínive, mas desta vez com um profeta chamado Naum.

Como eu disse no último capítulo, Nínive era a capital da Assíria — um império bárbaro e opressivo que se estendia pelo Oriente Médio. Yahweh enviara o profeta Jonas para avisar os assírios sobre a sua destruição iminente.

E em uma reviravolta bizarra, eles demonstram *naham*; eles se arrependeram.

Mas justamente porque Yahweh é uma pessoa e porque *responde*, também ele, por sua vez, demonstrou *naham*. Yahweh mudou de ideia e poupou a cidade.

E a história termina com um final quase feliz. Jonas fica emburrado, mas os ninivitas permanecem vivos.

Avance 150 anos, até o profeta Naum. Seu livro — um escrito curto e pouco conhecido, que aparece próximo do fim do Antigo Testamento — se passa na mesma cidade, algumas gerações depois. Tragicamente, os ninivitas voltaram ao mal. No contexto, eles acabaram de levar dez das doze tribos de Israel para a escravidão, matando o povo de Deus e deixando o norte de Israel em ruínas fumegantes.

A paciência de Yahweh finalmente chegou ao limite. Naum escreve:

> O Senhor [Yahweh] é Deus zeloso e vingador!
> O Senhor [Yahweh] é vingador! Seu furor é terrível!
> O Senhor [Yahweh] executa vingança contra os seus adversários, e manifesta o seu furor contra os seus inimigos. O Senhor [Yahweh] é *muito paciente*, mas o seu poder é imenso; o Senhor [Yahweh] não deixará impune o culpado.[13]

Para esclarecer, essa é uma citação de Êxodo 34:6-7.

Interessante. Êxodo 34 é citado com referência a Nínive *duas vezes*. Na primeira vez, depois que Yahweh poupa a cidade; na segunda vez, quando Yahweh já tinha suportado o bastante.

O que isso significa?

Significa que Yahweh é compassivo, gracioso e tardio em irar-se — essa é sua *natureza*; é assim que ele é.

Entretanto, chega um momento em que Deus diz: "Basta! Chega de violência! Chega de injustiça! Chega de matanças, estupro, roubo e escravidão. Estou farto do mal! Acabou por aqui!".

Há uma frase usada nas Escrituras sobre a "medida completa" do pecado.[14] Geralmente é usada para descrever a razão pela qual Yahweh atrasa o seu juízo. É como se Deus tivesse um limite. Quando o pecado cruza determinada linha, sua ira finalmente se desperta, como um gigante adormecido, e ele põe um fim à injustiça.

Mas aqui está o que é fascinante sobre a história de Nínive: até onde sabemos, Nínive não foi destruída por um "ato de Deus" — por um tsunami incomum, uma praga na cidade ou um fogo do céu; ela foi destruída pela Babilônia, uma potência mundial emergente ao sul.[15] E, por destruída, quero dizer aniquilada. Até hoje, não resta da cidade nada além de escombros.

Você conhece algum ninivita?

Exatamente.

Pense no que isso significa: significa que a derrota de Nínive por um exército pagão é um exemplo da "ira" de Yahweh.

Vamos analisar esse fato: **você pode traçar a ira de Yahweh ao longo de quatro eixos, a saber, presente e futuro, ativa e passiva.**

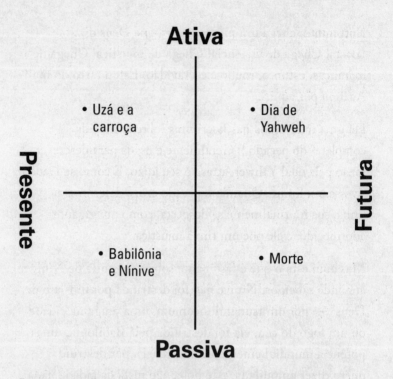

Iniciemos pelo eixo que indica a ira presente e futura

A **ira presente** de Yahweh é quando ele lida com o mal agora, *deste* lado do dia do juízo, como fez com Nínive. É quando Deus não espera por um dia de acerto de contas após a morte: ele intervém *aqui e agora* e detém o mal em seu caminho. É quando pessoas vivas e respirando — ou até nações inteiras — são disciplinadas e punidas por Yahweh.

Mas essa manifestação da ira de Yahweh é rara; ela não acontece com muita frequência.

A **ira futura** de Yahweh é quando ele lida com o mal *posteriormente*, no que os escritores hebreus chamam de dia de Yahweh, o dia no horizonte em que finalmente, após milênios de espera, todas as injustiças da história humana serão desfeitas.

Como é bem sabido, o século XX foi o século mais sangrento já registrado. Por quê? Karl Marx disse que "a religião é o ópio do povo".[16] Para Marx, o caminho de Jesus não passava de uma ilusão tola. Contudo, anos depois, após viver o surgimento e a queda do Fascismo e do Comunismo e ver o genocídio e a violência causados pelas ideias de Marx, o poeta polonês Czesław Miłosz argumentou que "o verdadeiro ópio do povo é a crença no nada após a morte — o enorme consolo de pensarmos que, por nossas traições, ganância, covardia e assassinatos, não seremos julgados".[17]

O mundo moderno está errado: nós *seremos* julgados.

Para os escritores da Bíblia, bem como para mestres como Jesus, esse "dia de Yahweh" cataclísmico pode ser tanto uma coisa ruim quanto *uma coisa boa*, dependendo de como anda o seu relacionamento com Deus.

Se você é o justo — um homem ou mulher em um relacionamento correto com Deus, com a humanidade e com a própria terra —, então *mal pode esperar* pelo julgamento, especialmente se você é o oprimido. Ao final, o mundo inteiro será retificado.

Todavia, se você é ímpio e opressor — se vira as costas a Yahweh e sua misericórdia e diz "não" ao caminho de Deus —, então esse dia deve soar como um aviso aterrorizante.

Afinal, Deus não é cruel, mas é perigoso. Como no caso da gravidade, da energia nuclear ou de um furacão, você quer ter certeza de estar do lado certo das coisas.

A ira futura de Deus está chegando.

Logo, eis a ira *presente* e *futura*.

Passemos, então, para o eixo *ativa* e *passiva*.

A **ira ativa** de Deus é quando ele age diretamente para acabar com o mal. É como se a mão invisível de Deus, mas real, descesse em julgamento.

Há uma história no Antigo Testamento na qual os israelitas estão no processo de mover a arca da aliança para Jerusalém. A arca era o sinal visível do poder e da presença de Yahweh com o seu povo, o objeto mais sagrado no mundo israelita. Mas eles não estavam levando esse fato a sério. Deus os orientara para que a carregassem em varas, a fim de não correrem o risco de tocá-la. Em vez disso, os israelitas a depositaram em uma carroça filisteia. Seria mais fácil, rápido e melhor, certo? O problema foi que, quando a carroça passou por um buraco, um sacerdote chamado Uzá estendeu a mão para impedir que a arca caísse do veículo. Lemos, então, que a "a ira do Senhor [Yahweh] acendeu-se contra Uzá por seu ato de irreverência. Por isso, Deus o feriu, e ele morreu ali mesmo, ao lado da arca de Deus".[18]

Isto é ira ativa: você peca de forma flagrante e, no momento seguinte, não está mais respirando.

Mas não pense que isso é "apenas uma coisa do Antigo Testamento". Em Atos 5, há uma história sobre os primeiros seguidores de Jesus na qual um homem mente para Pedro (e para Deus) sobre vender uma propriedade e dar todo o dinheiro aos pobres. E o que acontece? *Ele cai morto no mesmo instante*. Poucas horas depois, sua esposa entra em cena e conta exatamente a mesma mentira, e *ela* cai morta. Romântico, não?

Aqui está, porém, o que você precisa entender: histórias sobre Deus matando pessoas ganham toda a atenção — são alimento para blogueiros desencantados, zangados com o Deus em que não acreditam. Eu entendo. Mas não há *quase nenhuma* história assim na Bíblia. A ira ativa de Yahweh é a exceção à regra. Na maioria das vezes, sua ira é ira passiva.

Ira passiva é quando Deus *não* age, e *esse* é o julgamento. É assim que Yahweh geralmente lida com o mal.

Por exemplo, nas Escrituras, o juízo de Deus muitas vezes se assemelha a um exército invasor — Babilônia vindo para destruir Nínive ou, algumas décadas depois, para destruir Jerusalém. No entanto, a Babilônia era a potência mundial emergente; ela teria ido à guerra contra Nínive e Israel com ou sem o empurrão de Yahweh. Tudo o que Deus tinha de fazer era recuar e remover sua proteção.

Na história da minha própria nação, Abraham Lincoln expressou publicamente sua crença de que a Guerra Civil era o julgamento divino sobre os Estados Unidos por causa da escravidão. Em seu segundo discurso inaugural, após refletir sobre como conciliar o horror da guerra com os "atributos divinos" de Deus, Lincoln concluiu que o conflito persistiria "até que toda a riqueza acumulada durante dois séculos e meio de trabalho escravo não remunerado fosse dissipada, e até que cada gota de sangue extraída pelo chicote fosse compensada por outra, derramada pela espada. Reitero as mesmas palavras proferidas três milênios antes: 'Os julgamentos do Senhor são verdadeiros e inteiramente justos'".[19]

Que teoria fascinante sobre a Guerra Civil. Digamos que Lincoln estivesse certo: Yahweh fez os americanos se matarem? De jeito nenhum! Foi ele quem disse: "Ame o seu inimigo". Se o mandamento é de amor ao inimigo, quanto mais aos concidadãos! Portanto, a Guerra Civil foi uma desobediência flagrante dos ensinamentos de Jesus. Ainda assim, seria o caso de a Guerra Civil ter sido uma expressão da ira de Deus sobre a escravidão? Não sei se a hipótese de Lincoln estava certa ou errada, mas sei que ela soa muito como as narrativas que lemos na história de Israel.

Tirando essa ideia do âmbito nacional e transpondo-a para a esfera individual, a ira passiva de Deus é quando ele não age para nos livrar do mal. Geralmente é quando ele nos deixa arruinar completamente a nossa vida.

Na carta aos Romanos, Paulo escreve sobre a ira de Deus diante da espiral descendente rumo à falência moral e à sabotagem social na Roma do primeiro século. Observe como ele repete a mesma frase:[20]

"*Deus os entregou* à impureza sexual, segundo os desejos pecaminosos do seu coração…".

"*Deus os entregou* a paixões vergonhosas…".

"*Deus os entregou* a uma disposição mental reprovável…".

Há momentos em que Deus diz: "Ok, faça do seu jeito". Ele remove a sua mão de bênção e cobertura sobre sua vida, recua e diz: "Você está por conta própria. Boa sorte".

E Nínive é destruída pela Babilônia.

E seu corpo é dilacerado pelas drogas.

O escândalo estoura.

Você é demitido por trapacear.

Seus filhos crescem odiando você.

Seu casamento é arruinado por uma traição.

Pensamos, por exemplo, que quando alguém é pego em uma traição, isso é a ira de Deus. Não é. Isso é a misericórdia de Deus. *A ira de Deus se manifesta quando o indivíduo se safa*, e o seu coração fica tão distorcido que não consegue mais dar ou receber amor novamente.

Se o seu coração é teimoso, frio ou abertamente rebelde contra Yahweh, a pior coisa que Deus pode fazer com você é entregar-lhe o que você quer, deixando todos os seus desejos se realizarem.[21]

Eu sei que isso é pesado, mas fique comigo. Estamos quase finalizando a parte difícil.

Resumindo o que dissemos até agora, a ira de Yahweh é:

presente,

futura,

ativa

e passiva.

Entretanto, aqui está a verdade reveladora: a maior parte da ira de Deus é ou *presente/passiva* ou *futura/ativa*. Ou seja, um dia Deus agirá decisivamente para acabar com o mal para sempre. Enquanto isso, a maneira de Deus lidar com o pecado geralmente é recuando e deixando que você se destrua.

Isso porque o pecado é o seu próprio castigo, e a obediência, sua própria recompensa.

O ponto mais saliente deste capítulo é este: Yahweh esperou por *150 anos* antes de desistir de Nínive! Honestamente, se eu fosse Yahweh — e graças a Deus que não sou —, duvido que teria enviado Jonas para início de conversa. Mas Yahweh deu à cidade chance após chance.

Afinal, Yahweh é tardio em irar-se.

Agora, antes de passarmos para Jesus, precisamos esclarecer algo. Vivemos em um tempo *muito* diferente do segundo milênio a.C. Nosso mundo é secularizado até o âmago; a maioria das pessoas é totalmente alheia à dimensão espiritual do universo. Contudo, Êxodo 34 foi escrito em um mundo repleto de "deuses" e "deusas" e, como eu disse antes, a maioria deles era mal-intencionada. Dizer que eles tinham dificuldade para conter sua raiva seria um grande eufemismo. Muitos deles eram abertamente hostis e malignos, espreitando nas sombras, apenas esperando uma chance de atacar.

É *neste* tipo de mundo que Moisés aprende que Yahweh é compassivo e gracioso, e *tardio em irar-se*. Essa teria sido uma visão incrivelmente nova da divindade.

Na verdade, o principal problema dos escritores bíblicos em relação à ira de Yahweh é que ele não fica com raiva com mais frequência! Eles ficam muito mais frustrados com a misericórdia de Deus do que com sua ira. Os escritores bíblicos olham para a quantidade esmagadora de injustiça no mundo e desabafam sua angústia para Deus.[22] Uma das orações mais frequentes na Bíblia é: "Até quando?".[23] Os profetas, reis, políticos, agricultores e pastores que registraram o texto bíblico não têm dúvidas de que Yahweh levará o mal à sua conclusão lógica. Sua dificuldade é entender o seguinte: por que Yahweh adia? Por que a justiça geralmente vem na *próxima* vida, e não *nesta*?

Vivemos, entretanto, em um ambiente cultural radicalmente diferente. Geralmente, temos o problema *oposto* com a ira de Yahweh. Nascemos no meio de uma mudança tectônica em como os ocidentais pensam sobre Deus.

Muitas pessoas abandonaram a narrativa de que "Deus está irado" e simplesmente a substituíram pelo exato oposto: "Deus nunca fica irado".

Como seguidores de Jesus, quando lemos essas histórias sobre a ira ou o juízo de Yahweh, sentimos que precisamos pedir desculpas aos nossos amigos, disfarçar ou esconder essa parte socialmente inaceitável de Deus e relegá-la ao quarto dos fundos, como se Yahweh precisasse de um pouco de ajuda em relações públicas para sobreviver no mundo moderno.

A imagem de um Deus irado está ultrapassada. Seguimos em frente, evoluímos para um mundo mais progressista. É hora de atualizarmos Yahweh para o século XXI.

Com essa tentativa de retratar Deus de outra forma, vem um movimento ainda mais desconcertante: o de redefinir o amor. Para muitas pessoas, o amor passou a significar tolerância.

Pense nas falas comuns em nossa cultura:

"Você decide o que é bom para você mesmo".

"Quem sou eu para julgar?".

"Viva e deixe viver".

Não posso deixar de pensar: *Sério? Você diria isso em relação a um ataque terrorista do ISIS? A um assassino desequilibrado se esgueirando em uma escola primária com uma metralhadora? A um pedófilo?*

Eu acho que *não*. É evidente, então, que a tolerância tem um limite, mesmo em nosso mundo pós-moderno. Há uma linha; nós apenas discordamos sobre onde traçá-la.

Lembre-se de que existem duas versões de tolerância. A *tolerância clássica* é a ideia de que podemos concordar em discordar em vez de matar uns aos outros ou entrar em guerra por alguma coisa insignificante. A tolerância clássica foi um salto revolucionário na evolução social. Sou totalmente a favor dela.

Mas a *tolerância moderna* é a ideia muito mais nova de que o certo e o errado são elásticos. Nessa perspectiva, chamar a ação de alguém por causa do pecado é "julgá-lo". Discordar de alguém é odiá-lo. Então, por exemplo, se você discorda sobre a sexualidade, não importa quão gracioso, gentil e inteligente você seja, você imediatamente ganha o rótulo de "intolerante". Mas todos sabemos que isso é ridículo, pois discordar de alguém *é apenas discordar*. Minha esposa e eu discordamos regularmente, apesar de nos amarmos profundamente.

Meu ponto é simplesmente que o amor e a tolerância não são a mesma coisa.

Segundo Elie Wiesel, ganhador do Prêmio Nobel da Paz: "O oposto do amor não é o ódio, mas a indiferença".[24] Em algum momento da história, a tolerância começou a se aproximar perigosamente da apatia.

O amor — pelo menos o tipo de amor sobre o qual Jesus falou — muitas vezes leva à raiva. Ficamos com raiva de coisas com as quais nos importamos profundamente, de coisas pelas quais somos apaixonados.

Esse é o tipo de ira que vemos em Yahweh: uma ira que é paciente, justa e abnegada, uma ira que surge do amor, uma ira que vem de um Pai que se preocupa com seus filhos.

Apesar de toda a atual reformulação de Deus para se adequar ao mundo ocidental, se vamos levar as Escrituras a sério, então temos de levar essa parte de Deus a sério.

TRÊS: Jesus

Avancemos para Jesus. É comum que essa tentativa de redesenhar Deus como um progressista e o amor como tolerância supostamente se baseie nos ensinamentos de Jesus.

Recentemente, ouvi um pregador dizer: "A mensagem de Jesus era de amor totalmente inclusivo".

Sério?

O resumo do escritor Marcos sobre a mensagem de Jesus é este: "O Reino de Deus está próximo. Arrependam-se e creiam nas boas novas!".[25]

A mensagem central e abrangente de Jesus era que o que ele chamava de reino de Deus — a tão esperada era de paz, justiça e cura, não só para a humanidade, mas para todo o cosmo — estava finalmente irrompendo através de sua vida. Yahweh estava prestes a se tornar rei sobre o mundo e levar a humanidade a um novo e glorioso estágio de desenvolvimento. Por isso, de acordo com a mensagem de Jesus, precisamos nos *arrepender*, passar para o lado dele, para que possamos entrar nessa nova realidade e desfrutá-la.[26]

Na verdade, contrariando todos os clichês sobre Jesus e o amor, Jesus fala mais sobre o julgamento vindouro do que *qualquer outro* mestre no Novo Testamento. O juízo vindouro era um de seus temas principais. Jesus adverte Israel constantemente, chamando a nação ao arrependimento à luz do dia vindouro de Yahweh.

A caricatura de Yahweh como o "Deus do Antigo Testamento", irado e violento, e de Jesus como o Sr. Rogers de barba simplesmente não tem cabimento.

Uma história em particular faz um trabalho profundo de captar essa realidade. Nela, Jesus vai ao templo em Jerusalém. Para os judeus do primeiro século, o templo era o ponto de intersecção entre o céu e a terra, um espaço sagrado. Mas o que Jesus encontra lá é mais do que apenas perturbador. Os sacerdotes haviam se tornado a aristocracia da época e estavam em conluio com Roma. Os líderes espirituais da nação haviam se tornado corruptos. É uma história trágica que já vimos ocorrer centenas de vezes.

Veja o que ocorria: você chegaria ao templo trazendo, por exemplo, um cordeiro para ofertar a Yahweh. Talvez tivesse caminhado por dois ou três dias desde sua aldeia apenas para chegar lá, trazendo um cordeiro de qualidade, um de seus melhores, pois a Torá exigia que o sacrifício fosse "sem defeito".[27] Contudo, ao inspecionar seu animal, o sacerdote declararia: "Lamento, mas este cordeiro não atende aos requisitos. *Mas...* por acaso temos um à venda, que já foi pré-aprovado". Em seguida, ele o venderia a você por um preço exorbitante.

Ou digamos que você viesse de Roma ou Alexandria — uma jornada ainda mais longa. Em vez de um cordeiro, você traria dinheiro para comprar um sacrifício no local, em Jerusalém; afinal, ninguém gostaria de andar centenas de quilômetros trazendo uma cabra, não é mesmo? Não seria nem um pouco divertido. No entanto, quando você chegasse ao templo de Jerusalém, os cambistas diriam: "Sinto muito, mas os sacerdotes não aceitam moeda romana aqui. Você precisa pagar com a moeda do templo". E, claro, eles seriam o único banco da cidade, de modo que podiam cobrar uma taxa de câmbio exorbitante.

Então, o que Jesus faz? Ele fica com raiva — *muita* raiva. Jesus faz um chicote — história verídica — e começa a expulsar os cambistas do templo, derrubando mesas, despejando dinheiro no chão, soltando os animais e gritando contra aquele sistema religioso: "Tirem essas coisas daqui! Parem de fazer da casa de meu Pai um mercado!".

O escritor João tem uma ótima linha final para a história: "Seus discípulos lembraram-se que está escrito: 'O zelo por tua casa me consumirá'".[28]

É assim que você imagina Jesus? Com um chicote na mão, fogo nos olhos, derrubando mesas e gritando com os cambistas enquanto eles se abaixam para se proteger e correm para o estacionamento?

Essa é uma daquelas histórias que pulamos na escola dominical...

Cresci na década de 80. (Pois é, alguém se lembra do flanelógrafo?).[29] Essa história nunca chegou ao flanelógrafo.

Tínhamos Jesus, o Bom Pastor; Jesus andando sobre as águas; Jesus com as crianças — mas nunca Jesus com olhos zangados, com um chicote na mão e salivando de raiva.

Não, essa imagem nunca apareceu.

Mas ela faz sentido, porque Jesus está enfrentando uma injustiça nauseante; e ele está furioso. *De que outro modo Jesus deveria se sentir?* A ira é a resposta madura e emocionalmente saudável a esse tipo de corrupção e difamação grosseira do nome de Yahweh.

Mas repare em um detalhe importante: a história acontece no final da vida de Jesus, logo antes da cruz.[30] Na verdade, é uma das principais razões pelas quais Jesus é preso e, em seguida, morto: você não perturba o *status quo* da hierarquia religiosa e sai impune. Mas Jesus esteve no templo dezenas, se não *centenas* de vezes. Ele ia para lá desde menino. Não é como se ele simplesmente entrasse, visse o esquema dos cambistas e ficasse louco da vida. Nada nessa história é de momento. Não: trata-se de uma raiva pensada, deliberada e intencional.

Um julgamento. Um acerto de contas. Uma linha na areia.

Depois de *anos* chamando Israel ao arrependimento, Jesus diz: "BASTA!".

Este pode ser um Jesus muito diferente do que você está acostumado — um Jesus que, apesar de amoroso, ainda fica irado e não tem medo de aplicar o julgamento.

Precisamos viver na tensão entre amor e ira. A maioria de nós pensa no amor e na ira como incompatíveis. Como você pode amar alguém *e também* estar com raiva desse alguém? Isso só mostra o quanto ainda temos de aprender sobre o amor.

Em Jesus, vemos que a ira de Yahweh *nasce de seu amor*. A verdade é que, se você não fica irado ocasionalmente, então você não ama. Ao ver alguém que você ama sentindo dor, essa dor deve movê-lo emocionalmente, levando-o à ação, a fazer algo a respeito.

É por isso que o amor de Yahweh é um atributo, mas sua ira, não. As Escrituras ensinam que "Deus é amor",[31] mas nunca lemos "Deus é ira". A ira, ou a raiva, é a *resposta* de Yahweh à maldade no mundo.

A história sobre Jesus no templo, expulsando os burocratas corruptos com um chicote caseiro, é uma prévia do que está por vir, um vislumbre além do horizonte. Está chegando o dia em que Jesus colocará o mal a sete palmos abaixo da terra, o tempo quando o mundo finalmente será livre. E é por causa do amor de Jesus e *por causa de sua ira*, seu antagonismo apaixonado contra o mal em todas as suas formas, que podemos antecipar esse futuro glorioso.

QUATRO: Nós

Não tenho ideia de onde você se localiza no mapa ideológico — progressista ou conservador, cristão ou agnóstico, alguém que ama a Bíblia ou que não a suporta. Obviamente, a ira de Deus é um assunto espinhoso, e tenho certeza de que chateei alguns de vocês. Mas vamos contextualizar tudo isso em nosso relacionamento com o Deus Criador.

Talvez você precise escutar que Yahweh é *tardio* em irar-se...

Talvez você, como eu, tenha essa sensação subconsciente, persistente, lá no fundo de sua cabeça de que Deus só está esperando você errar para que possa descarregar sua fúria em você. A arma está engatilhada, e você se encontra na mira dele.

É possível que você tenha crescido em um ambiente conservador, religioso e "cristão", ou que sua personalidade seja introspectiva e sensível. Essas duas coisas se aplicam ao meu caso.

Ou talvez você tenha crescido em um lar cuja norma era a raiva, de modo que essa visão de um Deus cujo sentimento fundamental em relação a você é misericórdia parece bom demais para ser verdade. Tudo o que você pensa é no seu pai gritando com você lá do corredor, ordenando-o a arrumar o quarto; caso contrário...

Ou talvez sua situação seja totalmente diferente. Talvez você tenha crescido longe dos muros da igreja e venha de uma boa família. Para você, o problema está na incapacidade de organizar o caos em sua vida — há um pecado que o assola, uma tendência para o que você sabe que está errado. É como um atoleiro na estrada: por mais que se esforce, você continua escorregando outra vez e se prendendo na lama.

Você avança, só que o progresso é lento. E você está com medo de que Deus esteja irritado com você.

Todos vocês, por favor, ouçam: Deus é *tardio em irar-se*, paciente. Ele vê o seu futuro — em quem você está *se tornando* — e, como um pai ou uma mãe, Yahweh o está persuadindo, chamando-o para seguir em frente, um passo de cada vez, em direção ao seu destino.

Mas talvez você precise ouvir que Deus é tardio em *irar-se*...

Você abandonou a ideia de um Jesus irado há anos. Sua adoração ocorre no altar da tolerância e do individualismo. À medida que nossa sociedade se afasta cada vez mais para a anarquia moral, você em nada se sente afetado. Deus, para você, é mais como o pai permissivo. Você já teve um amigo no ensino médio cujos pais eram "super de boa"? Daquele tipo que deixa o filho beber, fumar maconha, fazer sexo com a namorada no andar de cima, faltar à escola. Ou seja, "de mente aberta". Costumava pensar: *Cara, isso é legal!* Agora, porém, como pastor lidando com as consequências desse tipo de criação em tantas vidas, enxergo a verdade óbvia: *isso não é legal, de jeito nenhum!*

Entretanto, é assim que você imagina Deus? Com um dar de ombros de *laissez-faire* para a vida? Será que você valoriza o amor como tolerância e a perspectiva progressista de mundo em parte porque lhes dão um passe livre para fazer o que quiser, isto é, para que você seja o seu próprio deus?

Não "julgar" os outros lhe dá um cheque em branco para pecar e não se sentir culpado por isso, desde que seja socialmente aceitável?

E sua visão de Jesus e seu Pai está enraizada nos quatro evangelhos? Para mim, é incrível quantas pessoas soltam afirmações sobre Jesus que estão drasticamente em desacordo com o que Mateus, Marcos, Lucas e João têm a dizer. Você *realmente* os leu, lenta e profundamente? Criou espaço para Jesus o preencher com a realidade dele, permitindo-lhe definir sua visão de Deus?

Ou sua visão do Deus a quem Jesus chamou de Pai vem de outra fonte, uma fonte mais ocidentalizada, mais "evoluída"?

Minhas observações o deixam desconfortável por corresponderem com suas crenças e práticas?

Deus não é um pai permissivo; tampouco é um pai grosseiro e zangado. Ele é um bom Pai: compassivo, gracioso e tardio em irar-se.

Lembre-se: a maneira como você pensa a respeito de Deus moldará a forma como você se relaciona com ele e o modo como se relaciona com outras pessoas. Afinal, *nossos padrões de interação tendem a ser consistentes em nossos diversos relacionamentos.*[32] É provável que a maneira como nos relacionamos com pessoas próximas a nós seja um bom barômetro de como nos relacionamos com Deus. Se você fica raivoso com frequência, será que sua visão de Deus está distorcida por sua própria história? Ou então, será que você ainda não aceitou esse aspecto do caráter de Deus?

Retornamos agora a Êxodo 34 e à imitação de Deus.

Yahweh é tardio em irar-se, então *nós* devemos ser tardios em irar-nos também.

Você é?

Eu sou?

Com toda honestidade, não. Se você perguntasse à minha esposa ou filhos ou amigos próximos qual é meu maior defeito, meu palpite é que eles falariam sobre a minha impaciência e o meu temperamento. Eu luto para controlá-lo.

Só recentemente tomei consciência disso. Os últimos anos foram desafiadores. Cheguei a um ponto de exaustão emocional em minha carreira. Estava encarregado de uma grande congregação, com muitos funcionários, ao mesmo tempo que ensinava, escrevia e tentava equilibrar uma família jovem e um estilo de vida agitado. O estresse se tornou paralisante. Começou a revelar fraquezas em meu desenvolvimento emocional e, para encurtar a história, experimentei um esgotamento. Atingi — e excedi — minha capacidade de lidar com a situação. Enfim, colapsei.

Vi-me em um período sabático de três meses, e tive o espaço necessário para fazer uma longa e objetiva avaliação de minha vida até então, bem como a oportunidade única de reinicializar minha história — começar de novo e fazer as coisas de maneira diferente.

Por isso, eu me rebaixei do meu cargo (o que, a propósito, recomendo fortemente), reduzi minhas horas *drasticamente* e tornei um dia de descanso semanal inegociável. Mas, então, fui além: comecei terapia. Nossa, é incrível! Tive uma série de conversas difíceis, mas boas, com minha comunidade;

e li muito. Um dos livros que mais mudou meu paradigma foi sobre saúde emocional.[33] Basicamente, dizia respeito a pessoas como eu, que lideram igrejas e amam Jesus com sinceridade, mas cujo desequilíbrio emocional espalha problemas para si e para as pessoas que lideram.

Enquanto lia o capítulo sobre origens familiares, criei um pequeno espaço para perguntar a Deus: "Quais são os pecados geracionais que carrego adiante? Há algo para o qual estou cego, pontos fracos no meu caráter que nem percebo?".

Imediatamente, tive a percepção do Espírito de que tenho problema com a raiva.

Em retrospecto, isso é óbvio, mas, na época, era um pensamento completamente novo. Quando comecei a processar esse assunto com minha esposa e com a terapeuta, ficou claro: sim, eu tenho problema com a raiva.

Mas eis o porquê de não o perceber por tanto tempo: minha raiva não é do tipo gritar-e-berrar-e-fazer-um-buraco--na-parede — é por isso que essa fraqueza permaneceu escondida por tantos anos. Sou vegetariano e pacifista; quão violento eu poderia realmente ser? Minha raiva é mais do tipo interno e latente, que se manifesta como "crítica construtiva", humor indelicado e alfinetadas sarcásticas sobre as pessoas mais próximas a mim — pessoas como minha esposa, meus filhos e minha comunidade. E esse pecado causa estragos em minha vida. Deixa uma bagunça sangrenta em seu rastro, destruindo a confiança e despedaçando a intimidade.

Hoje eu percebo; estou lidando com o problema. E a boa notícia é: Jesus está me transformando — lentamente, claro! Gostaria que ele acelerasse! Mas traços fundamentais da personalidade não mudam em poucos meses.

Na verdade, levam anos para mudar. Mas há uma trajetória que estou seguindo, afastando-me da raiva e em direção à misericórdia. Tenho um longo caminho pela frente, mas sinto que estou no rumo certo.

Talvez para você o ponto fraco não seja a raiva, mas a ganância, a gula, a fofoca, a pornografia, a preocupação ou apostas ilegais em corridas de hamster. Tanto faz. Somos muito diferentes uns dos outros, e o que é fácil para uma pessoa pode ser excruciante para outra.

Mas *todos* nós temos uma lacuna.

Entre *quem somos* e *quem Deus é*.

Entre a maneira como vivemos e o caminho de Jesus.

Seguir Jesus diz respeito a fechar essa lacuna, um passo de cada vez.

Para concluir, um dos meus escritos favoritos no Novo Testamento é uma carta escrita por Tiago, irmão de Jesus. Ele começa sua carta dizendo: "Sejam todos prontos para ouvir, tardios para falar e *tardios para irar-se*, pois a ira do homem não produz a justiça de Deus".[34]

Depois, no capítulo 5, Tiago começa a aludir e citar Êxodo 34:

"Vejam como o agricultor aguarda que a terra produza a preciosa colheita e como *espera com paciência* [...]"

"Sejam também *pacientes* [...] pois a vinda do Senhor está próxima".

"Tenham os profetas que falaram em nome do Senhor como exemplo de *paciência* [...]".[35]

E, no final de sua seção sobre paciência no sofrimento, Tiago escreve: "O Senhor é cheio de *compaixão* e *misericórdia*".[36]

A tradução não capta, mas essa é uma citação de Êxodo 34:6.

Ah, sim, me esqueci de mencionar que o contexto dessa carta são os relacionamentos! Tiago não está escrevendo sobre paciência até você se formar, conseguir a promoção, ter filhos ou finalmente chegar à próxima fase da vida. Ele está escrevendo sobre pessoas com quem você não se dá bem, de quem não gosta e com quem se frustra regularmente.

Então, Tiago acrescenta um último comando: "Irmãos, não vos queixeis uns dos outros, para que não sejais julgados. Eis que o juiz está à porta!".[37]

Desta forma, essa passagem toda é sobre como tratamos as pessoas que nos fazem ter vontade de nos queixarmos, que nos deixam com raiva.

Repare, porém, na lógica dele. Para Tiago, "o juiz está à porta!" significa que estamos quase no dia em que Yahweh finalmente julgará a terra, quando cada ser humano que já viveu estará diante de seu Criador, e o próprio Deus corrigirá todos os erros. O dia está chegando, a qualquer momento, a qualquer hora.

E, porque muito em breve Yahweh endireitará todas as coisas tortas, *nós não precisamos fazer isso.*

Damos lugar a um tipo saudável de ira de Yahweh contra a injustiça, sim, e fazemos algo a respeito — mas abandonamos o desejo distorcido de vingança em nosso coração.

Yahweh é o juiz, não nós.

Nossa tarefa é simples: ser como Yahweh.

Compassivo,

gracioso,

e *tardio em irar-se.*

Capítulo 5
Cheio de amor e de fidelidade

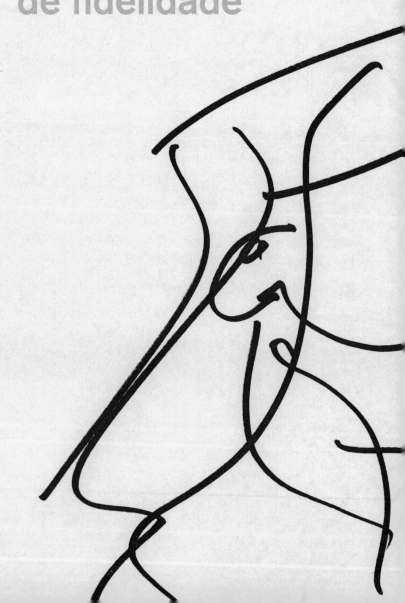

"Senhor [Yahweh], Senhor [Yahweh], Deus compassivo e misericordioso, paciente, **cheio de amor e de fidelidade**, que mantém o seu amor a milhares e perdoa a maldade, a rebelião e o pecado. Contudo, não deixa de punir o culpado; castiga os filhos e os netos pelo pecado de seus pais, até a terceira e a quarta gerações."

Perseverantes na mesma direção em uma era de gratificação instantânea

Toda sexta-feira de manhã, minha esposa e eu subimos em nossas bicicletas e saímos para tomar café da manhã. Tenho as sextas-feiras de folga e as crianças estão na escola, de modo que esse se tornou o nosso encontro semanal, o momento padrão da semana para colocarmos a conversa em dia, sincronizar o nosso coração, rir, brigar, fazer as pazes e conversar sobre as coisas que importam.

Na última sexta-feira, tivemos uma conversa sobre o nosso aniversário de casamento, cuja data está próxima: estamos prestes a completar quinze anos de casados. É muito tempo, não é? Para nós, sim.

Nos casamos muito jovens — ela tinha 19 anos e eu mal completara 21 — e, honestamente, não foi fácil. Naquela idade, não tínhamos ideia de onde estávamos nos metendo.

Não demorou para percebermos o óbvio: somos duas pessoas *muito* diferentes, de duas famílias de origem *muito* diferentes, com dois estilos de vida *muito* diferentes. Os opostos se atraem, é verdade, mas a parte complicada vem depois da atração.[1]

O primeiro trecho da nossa jornada como casal foi difícil. Sete anos depois, porém, viramos a página em nosso relacionamento. Pelos meus cálculos, é preciso mais ou menos esse tempo para perceber que você não pode mudar o seu cônjuge para se adequar ao que minha terapeuta chama de seu "ideal de ego" — sua imagem mental de seu cônjuge dos sonhos, perfeitamente moldada para atender a todas as suas necessidades e desejos. Minha teoria — completamente não científica — por trás do "ponto de virada dos sete anos" é que, por volta do sétimo ano, você percebe que tem de aceitar seu cônjuge pelo que Deus o fez ser, ou, então, pedir o divórcio. Nós escolhemos a primeira opção. Não houve fogos de artifício ou explosões no céu, mas começamos a nos mover em uma nova direção. A terapia foi de grande ajuda, assim como a nossa comunidade. No entanto, precisávamos de tempo e espaço para reaprender a ser marido e mulher.

E os últimos anos de casado?

Foram, de longe, os melhores que tivemos.

Voltando à cena anterior, conversávamos, então, sobre renovar os votos de casamento em nosso décimo quinto aniversário, fazendo uma pequena cerimônia. Para nós, não se trata de uma ideia fofa e romântica. Eu mesmo não sou — nem ela é — remotamente sentimental. Trata-se mais de uma ocasião profunda, significativa e simbólica. Queremos escolher novamente um ao outro e fazer votos, desta vez sabendo realmente no que estamos nos metendo, para amarmos um ao outro "até que a morte nos separe".

Afinal, quinze anos é apenas o começo, certo?

Digo tudo isso porque a próxima parte do nome de Deus, um dos aspectos que *caracterizam* Yahweh, é algo parecido. Deus é "abundante em amor e fidelidade".

Em hebraico, "amor e fidelidade" é *hesed* e *emet*.

Vamos analisar cada uma dessas palavras.

Hesed é uma palavra de significado amplo e panorâmico para a qual realmente não temos equivalente em nossa língua. É por isso que as traduções de *hesed* são das mais variadas. O termo pode ser traduzido como "amor constante", "amor infalível" ou "lealdade à aliança".

"Amor constante"
"Amor infalível"
"Lealdade à aliança"

Veja o que Daniel Block, estudioso da língua hebraica, diz a esse respeito: "O termo hebraico *hesed* não pode ser traduzido por uma única palavra em inglês. É um termo pactual, envolvendo em si todos os atributos positivos de Deus".[2]

Observe que ele chama *hesed* de "termo pactual". Retenha essa ideia em seu ancoradouro mental. Voltaremos a ela em alguns instantes.

Por enquanto, apenas saiba que este é um dos aspectos mais importantes do caráter de Deus. É a única característica sua que é *repetida*. Nós a lemos aqui — "cheio de amor e de fidelidade" — e, então, na linha seguinte — "que mantém o seu amor a milhares". Você se recorda de quando eu disse que se um escritor antigo realmente quisesse enfatizar determinado ponto, ele o repetiria? Deus fala de seu amor *duas vezes*, significando — e esta é uma das coisas mais verdadeiras sobre Yahweh — que, no que diz respeito a *hesed*, ele é abundante e transbordante, muito além de qualquer limite.

Mas Yahweh também é abundante em *emet*, em fidelidade. O significado literal da palavra é "verdade". De fato, *emet* está conectada à palavra "amém"; é comum que as pessoas digam "amém" quando um pregador fala algo que soa verdadeiro em seu coração. Mas *emet* também pode ser traduzida por "digno de confiança", trazendo a ideia de confiabilidade. Você pode contar com este Deus, com Yahweh. Ele não o decepcionará.

Ao contrário de muitos de *nós*.

Quando a vida fica difícil, a maioria de nós simplesmente desiste. Quando uma coisa deixa de ser fácil, divertida ou nova — quando fica difícil, desconfortável ou chata —, simplesmente *vamos embora*. Largamos empregos, cidades, igrejas, amizades, casamentos. Simplesmente cortamos os laços e seguimos em frente. Somos uma geração que cresceu com mensagens de texto instantâneas, o que tornou a inconstância mais fácil do que nunca.

Deus não é assim.

Ele é fiel.

Repare que, ao ler *hesed* e *emet* na mesma frase, a combinação é incendiária. "Abundante em amor e fidelidade" recebe o nome literário de hendíadis. Algum especialista em literatura por aí? Hendíadis é um dispositivo literário em que dois substantivos são unidos para ajudar a definir um ao outro.

Ou seja...

O amor de Deus *é* a sua fidelidade.

A fidelidade de Deus *é* o seu amor.

É nesse ponto que a tradução de *hesed* como "amor" se torna incrivelmente deficiente. Como meus amigos diriam: "Fraco demais". Quando lemos "amor", a maioria de nós pensa em sentimentos ou talvez em tolerância. Por isso, ao lermos "amor", pensamos que Yahweh está apenas nos dizendo que realmente gosta de nós, tem bons sentimentos a nosso respeito e emoções calorosas por nós.

Tudo isso é verdade. Mas, lembre-se, *Yahweh já disse isso*.

Na tradução, "abundante em amor" soa como um sinônimo de "compassivo", de forma que a ideia parece repetitiva. Em hebraico, porém, não é. Deus está nos dizendo algo mais aqui.

Hesed e *emet* dizem respeito à lealdade de Deus — como ele nunca, *jamais* abandona o seu povo, mas é fiel até o amargo fim, não importa o custo.

Essa junção de "amor" e "fidelidade" aparece por toda a Bíblia. Somente no livro de Salmos, a palavra *hesed* é utilizada 126 vezes.

Em Salmos 89, por exemplo, o poeta escreve:

> Cantarei para sempre o *amor* do Senhor [Yahweh].
>> com a minha boca anunciarei
>> a tua fidelidade por todas as gerações
>> Sei que firme está o teu *amor* para sempre,
>> e que firmaste nos céus a tua *fidelidade*.[3]

Então a voz de Yahweh irrompe em profecia sobre o Messias vindouro:

> Manterei o meu *amor* por ele para sempre,
>> e a minha aliança com ele jamais se quebrará [...].
>> Não afastarei dele o *meu* amor;
>> jamais desistirei da minha *fidelidade*.[4]

Esse é apenas um dentre *centenas* de exemplos. Não estou exagerando: o amor e a fidelidade de Yahweh são um dos principais temas da Bíblia e um dos principais motivos de adoração em Salmos. Desperta poesia, música, admiração, gratidão, oração e esperança.

Agora, eu sei que a fidelidade de Deus levanta todo o tipo de perguntas. Se é verdade que Deus é fiel:

Como acabei em um casamento infeliz?

Por que tenho quarenta anos e ainda estou solteiro?

Como foi que desenvolvi uma doença crônica?

Por que tive um aborto espontâneo?

Como o meu melhor amigo pôde dormir com a minha noiva?

Por que o meu filho nasceu com deficiência?

Como posso ter sido demitido do emprego dos meus sonhos?

Por que não consigo pagar a hipoteca?

Como vim parar em um mundo com racismo sistêmico?

Às vezes, é difícil conciliarmos o amor e a fidelidade de Deus com... a *vida*.

Vamos, portanto, tentar resolver esse problema juntos.

DOIS: Histórias

Não podemos entender completamente *hesed* e *emet* sem antes compreendermos as alianças. Para fazer isso, precisamos de pelo menos uma compreensão básica da história geral da Bíblia.

Não se estresse; faremos isso em poucas páginas, de forma suave. Será fácil.

Comecemos, então, tirando aquela ideia sobre alianças, da qual falei há pouco, de seu ancoradouro mental. *Aliança* não é uma palavra que usamos mais com tanta frequência. Quando leio meu aplicativo do *New York Times* pela manhã, ele não relata que o presidente Trump fez uma "aliança" com a China.

Aliança é uma palavra de outro tempo, de outro lugar.

No antigo Oriente Próximo, uma aliança era essencialmente uma mistura de promessa e contrato legal; tratava-se de algo relacional. Duas (ou mais) pessoas faziam uma promessa e depois assinavam um contrato, com bênçãos e maldições claramente definidas no caso de as partes manterem ou quebrarem a promessa.

A coisa mais próxima que temos de uma aliança no mundo moderno é o casamento. Há quinze anos, quando Tammy e eu nos olhamos nos olhos em uma noite quente de junho, na frente de toda a nossa família e amigos, e dissemos "sim", fizemos uma aliança, uma promessa.

Pense nas perguntas e respostas dos votos de casamento:

Você promete?

Sim.

O casamento é uma aliança, uma promessa de amarmos e permanecermos fiéis ao cônjuge. Contudo, uma aliança também é um contrato vinculativo. Quando você se casa, o acordo é para toda a vida; há consequências se você não cumprir sua promessa.

Se você conhece a história da Bíblia, ela trata em grande medida de Yahweh fazendo alianças. Encontramos também momentos-chave nessa história — no arco narrativo que se estende de *Gênesis* a *Apocalipse* —, nos quais ela dá um salto para frente.

Um desses momentos-chave é Gênesis 12, uma passagem que serve como o ponto de apoio para todo o Antigo

Testamento. No contexto, o bom e belo mundo de Yahweh foi desfigurado pelo mal. Mas, então, Yahweh chama um beduíno aleatório do deserto chamado Abrão para colocar a história de volta nos trilhos.

A primeira coisa que Deus faz com Abrão é uma aliança, uma promessa:

> Farei de você um grande povo,
>   e o abençoarei.
> Tornarei famoso o seu nome,
>   e você será uma bênção.
> Abençoarei os que o abençoarem
>   e amaldiçoarei os que o amaldiçoarem;
>   e por meio de você
> todos os povos da terra
>   serão abençoados.[5]

Observe o uso constante do futuro do presente "[eu] farei, abençoarei, tornarei, etc...". Trata-se de um tema recorrente na aliança. Deus promete a Abrão que sua família se tornará uma grande nação e promete abençoar essa nação. Não só isso, mas também promete abençoar "todos os povos da terra" *por meio* dessa nação.

Então:

Primeiro Deus abençoará a família de Abrão.

Em seguida, a *família de Abrão*, por sua vez, abençoará *o mundo*.

Você vê o padrão?

Deus → **O povo de Deus** → **O mundo**

Deus está dizendo que consertará tudo no mundo que deu errado. Todas as coisas feias serão desfeitas. Contudo, ele fará esse trabalho de recriação *por meio* da família de Abraão, mais tarde chamada de Israel.[6]

Trata-se de uma promessa impressionante; por favor, preste muita atenção ao seu conteúdo.

Deus *não* promete a Abraão uma vida fácil e despreocupada, com dinheiro na conta bancária e um apartamento no Havaí.

Deus promete abençoar Abraão, sim. Mas, se você conhece bem a história, sabe que a vida de Abraão foi tudo, menos fácil. O cerne da promessa é que a família de Abraão funcionará como um canal, um meio, para Yahweh espalhar sua bênção vivificante e regenerativa sobre cada centímetro quadrado da terra.

Mais tarde, essa promessa se transforma em uma aliança completa. Alguns capítulos depois, Abraão está contra a parede; parece que Yahweh foi infiel à sua promessa. Anos se passaram, mas Sara ainda não tem filhos, e agora ambos estão idosos — muito além da época de, digamos, ter um bebê.

Como um casal de idosos e infértil pode se tornar os pais de uma grande nação?

Muitas vezes comparamos as promessas de Deus sobre a nossa vida com as circunstâncias nas quais nos encontramos, e elas simplesmente não se alinham.

Então, entra em cena Gênesis 15. Advirto que se trata de uma história *estranha*, a qual a maioria das pessoas pula, mas ela é fundamental; por isso, preste atenção.

Yahweh pede a Abraão que traga alguns animais e faça um sacrifício: um touro, uma cabra, um carneiro e alguns pássaros. Abraão corta os animais ao meio e os espalha no chão. Mas não imagine que se trata de um piquenique. No antigo Oriente Próximo, isso se chamava "cortar a aliança". Você cortava os animais ao meio e os colocava em uma linha paralela. Então, as duas partes caminhavam pelo caminho improvisado de animais mortos, como uma forma simbólica de dizer: "Se eu não cumprir a minha parte da promessa, que isso aconteça comigo — sangue e morte".

Mas é aí que a história dá uma reviravolta bizarra.[7] Yahweh faz Abraão cair em um sono profundo. Nesse sonho, Abraão tem uma visão de Deus, na imagem de um "fogareiro esfumaçante, com uma tocha acessa", caminhando pelos animais...

completamente

sozinho.

Você já leu esta história e pensou consigo mesmo: *que doidera é essa?* Se sim, não se sinta mal. Apesar de bizarra, a cena reflete um momento poderoso: é a maneira de Yahweh dizer que, mesmo que Abraão e seus filhos não cumpram sua parte do acordo, ele ainda assim manterá a sua promessa. Yahweh resgatará e salvará o mundo através da nação que em breve surgirá, não importa o custo. E, se sangue tiver de ser derramado, não virá de Abraão: virá do próprio Yahweh.

Deus está disposto a morrer e se tornar como esses animais a fim de cumprir sua promessa e trazer o mundo de volta à vida.

Espero que sua mente já esteja saltando para frente e conectando os pontos com Jesus. Chegaremos lá em um segundo, mas quero que você veja que isso começa milênios antes da cruz.

O restante do Antigo Testamento, na verdade a Bíblia inteira, trata de Yahweh fielmente guardando sua aliança com a família de Abraão, e Israel falhando miseravelmente em sua parte.

Quando as pessoas leem a Bíblia, especialmente o Antigo Testamento, como uma coleção de histórias curtas que ensinam lições morais, essa leitura é enganosa. Não é disso que trata a história. Pelo contrário: o Antigo Testamento é uma história brutalmente honesta, crua e sem cortes sobre a fidelidade de Deus a Israel e a dificuldade de Israel para ser, em contrapartida, uma noiva fiel.

O que torna o Antigo Testamento tão confuso é que, no meio de toda a bagunça — histórias de assassinato, estupro, traição, poligamia, abuso doméstico, genocídio religioso e basicamente todos os horrores que você pode imaginar —, Yahweh está em ação. Yahweh *responde* e está envolvido, extraindo o bem de males hediondos. Yahweh *não recua* quando a história fica confusa; ele *intervém*. Vemos Yahweh abençoando constantemente não só os seus amigos, mas também seus inimigos.

Uma das minhas citações favoritas de Êxodo 34 no Antigo Testamento se encontra nas memórias de um político chamado Neemias. Neemias escreve em um ponto baixo da história da nação de Israel, a qual se encontra em exílio, na Babilônia. Neemias e um pequeno grupo de hebreus retornam a Jerusalém, tentando reconstruir os muros, mas a reconstrução não anda muito bem.

Em uma famosa oração, Neemias fala o seguinte: "Tu és um Deus *perdoador*, um Deus *bondoso* e *misericordioso, muito paciente* e *cheio de amor*. Por isso não os abandonaste".[8]

Espero que agora você já consiga identificar a linguagem de Êxodo 34. Neemias, como todo bom hebreu, está imerso no nome de Deus.

Então, ele diz o seguinte: "Agora, portanto, nosso Deus, ó Deus grande, poderoso e temível, *fiel à tua aliança e misericordioso*, não fiques indiferente a toda a aflição que veio sobre nós... Em tudo o que nos aconteceu foste justo; agiste com *lealdade* mesmo quando fomos infiéis".[9]

Para Neemias, mesmo o *exílio* era um sinal da fidelidade de Yahweh. Ele não abandonou Israel, mesmo que parecesse assim. Como um bom pai, Yahweh deixara a nação de Israel ir para o exílio para discipliná-la. Mas Neemias vê um dia chegando em que Yahweh cumprirá a sua promessa, e ele implora que esse dia se apresse.

E pelo que Neemias ora? Pelo Deus que se mantém "fiel à aliança e misericordioso" (*hesed*) e que continua a agir com "lealdade" (*emet*).

No entanto, Neemias nunca chega a ver a resposta à sua oração — não totalmente. Para isso, Jesus precisa entrar em cena...

TRÊS: Jesus

Por dois milênios, teólogos têm lutado com o mistério que é Jesus de Nazaré. Em Jesus, divindade e humanidade coexistem; Deus e homem se sobrepõem e se unem.

Jesus é Yahweh em carne e osso.

Contudo, você também deve notar o seguinte: Jesus também é *Israel*, em carne e osso. Ele é o rei de Israel, seu representante, tomando a história da nação e revivendo-a.

Ele é Yahweh,

e é Israel,

em um único lugar.

Já deixamos claro (no capítulo 1) que a famosa frase do escritor João sobre como Jesus era "cheio de graça e verdade" é, de fato, uma citação de Êxodo 34. A frase se perde na tradução do hebraico para o grego e depois para outras línguas (sim, eu sei que é confuso), mas João está dizendo que Jesus é a personificação de *hesed* e *emet*.

Jesus veio fazer o que Abraão e Israel deveriam ter feito, mas nunca puderam: ele veio para abençoar o mundo.

Tudo porque, há milhares de anos, Yahweh fizera uma promessa. Quando Israel falhou, Yahweh continuou fiel. Mesmo antes disso, quando Adão falhou, Yahweh permaneceu fiel. Além do mais, quando *você* e eu *falhamos*,

Deus permaneceu fiel — para abençoar, curar, libertar e salvar.

Jesus pega todo o nosso fracasso — milênios de promessas quebradas — e o arrasta para a cruz, absorvendo-o em sua morte e quebrando o seu domínio sobre a humanidade através de sua ressurreição.

É por isso que os escritores do Novo Testamento estão constantemente citando o Antigo.[10] Para eles, o evangelho começou em Gênesis 12, não em Mateus 1.[11] Yahweh fizera uma promessa, e ele foi fiel a ponto de morrer. *E ele ainda não terminou!* Yahweh cumprirá *todas* as suas promessas. Jesus voltará e garantirá esse cumprimento.

E é por causa do amor e da fidelidade de Yahweh que podemos antecipar um mundo livre da entropia da morte.

Podemos esperar por isso, planejar com base nisso, contar com isso.

Repare, no entanto, que, quando digo "esperar", não me refiro a pensamentos positivos do tipo:

"Espero conseguir uma vaga rapidamente".

"Espero que o próximo filme de *Guerra nas Estrelas* seja bom". Por favor, Jesus…

"Espero que ela responda à minha mensagem".

"Espero receber uma repetição de indébito tributário".

(Em relação a esse último ponto, *boa sorte!*).

Para os escritores bíblicos, **esperança é a expectativa absoluta das coisas boas que estão por vir, baseada no caráter de Deus**.

É uma confiança inabalável de que, não importa quantos caminhos errados tomemos ou reveses enfrentemos, podemos dormir tranquilos esta noite porque sabemos que, um dia, Yahweh erradicará o mal para sempre. Yahweh transformará o mundo em uma cidade-jardim, um segundo Éden. Ele abençoará "todos os povos da terra" por meio de seu Filho, Jesus.

E tudo isso porque Yahweh é "cheio de amor e de fidelidade".

QUATRO: Nós

Obrigado por sua paciência até agora — quer dizer, por sua *fidelidade*. Conto todas essas histórias do Antigo Testamento pela seguinte razão:

A história de Israel é a *sua* história.

Como nossos pais espirituais, falhamos repetidas vezes; mas Deus continua fiel.

Amo a forma como Paulo expressa essa ideia em sua carta a Timóteo: "Se somos infiéis, ele permanece fiel, pois não pode negar-se a si mesmo".[12]

Paulo está certo em ver que a fidelidade de Yahweh é intrínseca ao seu nome, à sua natureza. Ele jamais pode ser infiel, da mesma forma como jamais pode mentir, enganar ou roubar.

E Deus é fiel, *mesmo quando não somos* — mesmo quando somos inconstantes, inseguros e deixamos a bola cair.

Mas há momentos em que não parece assim — quando parece que Deus é tudo, menos fiel. Quando a sua esposa tem noventa anos e *ainda* não está grávida, e você pensa: *Deus, onde o Senhor está?*

Penso que finalmente estamos prontos para lidar com as perguntas que todos nós temos, perguntas do tipo: "sim, mas…".

Meu pai morreu quando eu tinha dez anos. Como Deus é fiel?

Acabei de passar por um divórcio desagradável e agora estou só, com dois filhos e uma pensão alimentícia que sequer cobre o aluguel. Como Deus é fiel?

Acabei de ser diagnosticado com meningite espinhal e entro e saio do hospital mensalmente. Se Deus é fiel, por que sinto tanta dor?

Lembre-se da aliança! O que Deus prometeu? Uma vida fácil? Saúde e riqueza? Não. Yahweh prometeu abençoar o mundo através do seu povo.

Quando dizemos que Deus é fiel, não queremos dizer que você nunca experimentará sofrimento. Muitas pessoas — em particular, os americanos — interpretam mal a fidelidade de Deus como uma espécie de promessa de nos dar vida, liberdade e a busca da felicidade. Então, quando a tragédia acontece, a economia vai mal, o exame do filho dá positivo ou estamos com trinta anos e ainda não encontramos um cônjuge, pensamos que Deus é *infiel*.

Mas essa é uma leitura grosseiramente equivocada da promessa de Deus a Abraão. Deus nunca disse que viveríamos sem problemas. Honestamente, Jesus fez a promessa *oposta*: "Neste mundo vocês terão aflições; contudo, tenham bom ânimo! Eu venci o mundo".[13] Essa é uma das muitas promessas bíblicas que tendemos a pular e ignorar.

Não é que Deus não queira que você viva uma vida rica e satisfatória; acredito que ele quer. Yahweh é seu Pai. Que pai não quer o sucesso e a prosperidade para os seus filhos? Entretanto, como qualquer bom pai, ele tem uma visão de longo prazo. Deus está disposto a disciplinar seus filhos para vê-los crescer e amadurecer em todo o seu potencial.

Deus está mais preocupado com o caráter a longo prazo de seus filhos do que com a sua felicidade a curto prazo. E ele está mais do que disposto a sacrificar o bem-estar de curto prazo em prol de moldar o caráter no longo prazo.

Além disso, Deus nem sempre consegue o que quer. Ainda não. Lembre-se da oração de Jesus: "seja feita a tua vontade".[14] Há outras vontades em jogo na terra, muitas delas contrárias ao propósito de Deus para sua vida.

Na minha perspectiva, Deus usa o mal, mas jamais é responsável pelo mal. Coisas como câncer, HIV/AIDS, abusos ou, obviamente, os nossos próprios erros — todas essas coisas não vêm de Deus. O mal é um intruso cruel e estranho no bom mundo de Yahweh. O mal é seu inimigo, não seu amigo.

Tragicamente, porém, muitas pessoas não enxergam dessa maneira. Conforme eu disse antes, essa é uma área de desacordo na igreja; e eu respeito o mistério do mal. Há uma cortina no universo que impede a maioria de nós de ver o que está por trás. Por isso, três palavras muito importantes que todos nós precisamos dizer regularmente são:
"Eu não sei". Ainda assim, acredito profundamente que muitas pessoas estão chateadas com Deus por coisas com as quais ele mesmo não teve nada a ver.

Responsabilizar Yahweh pela perda de um ente querido ou pelo insucesso nos negócios é como o meu filho Moses retornando da escola, ressentido comigo por ter se saído mal em uma avaliação ou por ter caído durante o intervalo e machucado a perna.

O quê?

Deus rapidamente se torna um bode expiatório para os imaturos e confusos.

Muitas pessoas são extremamente fatalistas na maneira como pensam sobre a vida, constantemente deixando escapar a ideia clichê de que "Deus está no controle". Mas ele realmente está no controle de *tudo*? Até do *mal*? Tem certeza?

Parece-me que a história que os escritores bíblicos contam é muito mais complexa. A vontade de Deus é uma vontade entre muitas, e ele está pacientemente resolvendo as confusões da nossa vida, dando amplo espaço para nosso livre arbítrio e nossas decisões, mas graciosamente extraindo o bem do mal. Nas palavras de um escritor do Novo Testamento: "Todas as coisas cooperam para o bem daqueles que amam a Deus".[15]

Se isso lhe parece *menos* esperançoso, garanto que não é. Pense nisto: significa que, mesmo quando coisas ruins nos acontecem e que são claramente contra a vontade de Deus — quando contraímos uma doença com risco de vida; sepultamos um amigo; fracassamos em um casamento etc. —, *ainda assim* Deus é muito mais poderoso do que qualquer maldade que enfrentamos. Yahweh tem a habilidade de virar o mal de cabeça para baixo e, de alguma forma, cooptá-lo para o bem.

Nossa esperança não é que nada de ruim aconteça conosco.

Ou que tudo o que nos acontece é "a vontade de Deus".

Nossa esperança é que, não importa o que aconteça conosco, Jesus ressuscitou dos mortos **e tudo é possível**.

Sim, às vezes as coisas dão terrivelmente errado. Mas a ressurreição é um megafone aumentado até o máximo, gritando: *Deus é maior do que o mal! Deus é mais forte do que a morte!* O túmulo vazio eclipsa todas as tragédias que enfrentamos com sua promessa de tornar todas as coisas belas a seu tempo.

O que estou querendo dizer é o seguinte: a promessa de Deus não é que você se casará com o cônjuge dos seus sonhos, ficará famoso, ganhará muito dinheiro e se aposentará aos quarenta em um campo de golfe na Califórnia.

A promessa de Deus é que ele o *abençoará* para que você possa se virar e fazer o mesmo pelos outros. Ele o colocará em ordem para que você possa colocar o mundo em ordem. E, um dia, no tempo certo, ele voltará para terminar o que começou e endireitar todas as coisas tortas.

E as promessas de Deus não são apenas genéricas para todos os seus seguidores; elas são específicas para você.

Um dos maiores erros que as pessoas cometem, especialmente nossos amigos na tradição do evangelho da prosperidade, é reivindicar promessas que Deus fez a outras pessoas como suas próprias. Um exemplo é como alguns tomam uma promessa de Isaías — segundo a qual Deus "[alargará] o lugar da sua tenda [...]. Pois você se estenderá para a direita e para a esquerda; seus descendentes desapossarão nações e se instalarão em suas cidades abandonadas"[16] — e a alegorizam, transformando-a em uma promessa sobre como Deus lhes dará dinheiro para a ampliação de sua casa ou um novo terreno para a sua megaigreja. Sinto calafrios quando ouço pessoas abusarem da Bíblia para reforçar uma versão distorcida do Sonho Americano.

Ou — aqui está outro exemplo — quando as pessoas se apropriam de um *princípio* bíblico e o transformam em uma *promessa*. Podemos, por exemplo, pegar um versículo de *Provérbios* como: "Ensina a criança no caminho em que deve andar, e ainda quando for velho não se desviará dele",[17] e reivindicá-lo como uma promessa para o seu adolescente rebelde.

À parte disso, porém, há certa verdade na ideia de Deus fazer promessas a *você*, individualmente. Acredito que existem momentos sagrados em que o Espírito de Deus sussurra ao nosso espírito uma promessa, uma visão do que *acontecerá*, no tempo dele.

Como no caso de Abraão e Sara, esses sussurros geralmente vêm anos antes de se transformarem em Isaque. E eles geralmente parecem improváveis, se não impossíveis. A espera pode levar sua fé ao limite. Haverá muitos dias em que parecerá que tudo em seu presente contradiz a promessa de Deus sobre o seu futuro.

O que Deus prometeu a você? Quando se aquieta diante de Deus, o que ressoa lá no fundo de sua alma? Que anseio, que dor, que senso de destino você simplesmente não consegue ignorar?

Deus será fiel à sua promessa, não importa o que aconteça. Não importa quantas vezes você tropece, não importa quais outras "vontades" entrem no caminho, Deus é mais poderoso. E ele é amoroso e fiel.

É assim que Deus é.

Antes, porém, de concluirmos este capítulo, façamos uma inversão — de Deus para nós. Não se esqueça: somos o povo de Yahweh, sua noiva. Nosso papel no relacionamento é espelhar e imitar o caráter de nosso marido para o mundo.

Somos fiéis?

Você é?

Eu sou?

Na atual geração, a ideia de fidelidade é estranha, esquisita. Nossos avós sabiam uma coisa ou outra sobre fidelidade, mas nós não.

A média de permanência em um casamento é de cerca de oito anos;[18] meus avós foram casados por sessenta.

A média de permanência em um emprego é de quatro anos, e a cada ano diminui;[19] meu avô trabalhou como engenheiro nuclear na General Electric por trinta e cinco anos. Quem faz isso hoje em dia?

A fidelidade se tornou como ir à discoteca — costumava ser legal, e algumas pessoas ainda fazem isso, mas se tornou, em grande parte, coisa do passado.

E aqui está o problema: as melhores coisas da vida advêm da fidelidade — geralmente anos, se não décadas, de fidelidade.

Fidelidade é perseverança na mesma direção em uma era de gratificação instantânea.[20]

Desejo um atalho para a vida: fui criado na era de micro-ondas, cartão VISA, Amazon Prime, mensagens instantâneas e TV sob demanda. Cresci com o mundo na ponta dos dedos.

Quero tudo, e quero tudo *agora mesmo*! Mas não há atalhos para a vida. Você não pode cozinhar o caráter no micro-ondas: ele se parece mais com uma árvore que você cultiva lentamente, uma estação após a outra. Há estações parecidas com o verão, estações nas quais você pode colher alegria dos galhos, nas quais sua vida flui de crescimento e abundância. Mas há estações parecidas com o inverno, em que a vida parece lenta e vazia. As melhores árvores são aquelas que permanecem enraizadas, bem firmes dia após dia.

Assim, quero ser fiel no verão e no inverno. Desejo manter o curso, não importa o quão difícil fique.

Afinal, Deus é assim.

Pense nas implicações que isso tem para o casamento. Talvez o seu casamento seja difícil. O meu foi, por anos. E há temporadas em que Tammy e eu voltamos a velhos hábitos, pouco saudáveis. Como seria para você permanecer fiel aos votos que fez, mesmo com todos os altos e baixos emocionais da vida conjugal?

Ou pense em sua carreira. Pode ser uma sacada inteligente pular para um novo emprego a cada poucos anos, dependendo de sua área, mas dominar seu ofício e se tornar incrivelmente bom no que faz — seja na parentalidade, na arquitetura ou no ensino, gerenciando negócios ou pilotando aviões — leva décadas. Você não pode fazer o que ama até que seja bom no que faz. Contudo, os sociólogos argumentam que, para se tornar realmente bom em seu ofício, a maioria das pessoas leva cerca de dez mil horas — ou seja, pelo menos uma década de trabalho árduo. Como seria se você se apegasse a um sonho para a vida e o perseguisse — não correndo em disparada, mas em um ritmo lento e constante, pronto para esperar muito tempo para ver o chamado de Deus em sua vida se materializar e florescer?

Ou pense em sua cidade e em seu lugar nela — na igreja, no bairro, nos relacionamentos. Somos tão desenraizados, tão transitórios, mais turistas do que cidadãos. Mas como seria para você ser fiel ao reino de Deus no lugar onde você está, não por alguns meses ou anos, mas por toda a vida?

A pergunta que quero inculcar em você é esta: onde Deus o chamou para ser fiel?

Pare e pense nisso por um minuto.

Sério. Pare e pense nisso.

O que lhe vem à mente?

Seja o que for, a probabilidade é que será um trabalho árduo, dolorosamente lento e, às vezes, frustrante. As melhores coisas da vida são assim. Mas acredite: *valerá a pena*.

Então, continue, meu amigo. Não desista. Ainda não. Seja fiel, como o Deus que você adora.

E nunca se esqueça de viver o momento, porque o momento é tudo o que temos.

Capítulo 6
Contudo, não deixa de punir o culpado

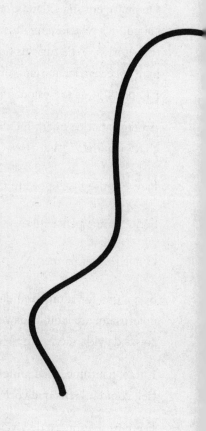

"Senhor [Yahweh], Senhor [Yahweh], Deus compassivo e misericordioso, paciente, cheio de amor e de fidelidade, **que mantém o seu amor a milhares e perdoa a maldade, a rebelião e o pecado. Contudo, não deixa de punir o culpado; castiga os filhos e os netos pelo pecado de seus pais, até a terceira e a quarta gerações.**"

O Deus que simplesmente não irá parar até que você seja completamente livre

Eu sei o que você está pensando.

Questionamentos no fundo de sua mente, frio na barriga, toda essa ansiedade crescendo, se revirando, aumentando a cada virada de página…

Por que esse fim tem de ser tão *anticlimático*? Refiro-me à frase de encerramento, sobre como Yahweh "castiga os filhos e os netos pelo pecado de seus pais" — o que *isso* quer dizer?

Como Yahweh pode ser "compassivo e misericordioso", "paciente" e "cheio de amor e de fidelidade" se ele vai para cima das *crianças* como se fosse um lutador de MMA?

Eu estava ansioso para chegar a essa parte.

Existem dois tipos de pessoas no mundo: aqueles que preferem as más notícias primeiro, e os procrastinadores. Como eu não sou procrastinador, comecemos com as más notícias.

Lá vai: não podemos selecionar o que queremos das Escrituras. Como seguidores de Jesus, seguimos o exemplo do nosso Mestre. Ele levou as Escrituras *muito* a sério,[1] e nós também devemos levar. Submetemo-nos à autoridade da Escritura — toda a Escritura — como uma expressão de nossa submissão a Jesus como Senhor. Não folheamos a Bíblia, pegamos as partes que gostamos e depois descartamos qualquer coisa que não se encaixe em nossas perspectivas progressistas, ocidentais e pós-modernas. Quando chegamos a algo de que não gostamos, *processamos* a informação: questionamos, sondamos, estudamos, trazemos nuances, lutamos e talvez até protestamos contra ela, mas, ao final, esperançosamente, dizemos *sim* e aceitamos a revelação divina, mesmo que o comprimido seja difícil de engolir.

Talvez você leia a Bíblia de forma diferente; tudo bem. Mas creio que você concordaria comigo que, se vier a moldar sua teologia de Deus a partir de *pedaços* e *partes* da Bíblia, juntamente com uma mistura de seus próprios preconceitos, cultura pop e a tendência sempre em evolução (ou talvez sempre em *mudança*?) da ética da cultura ocidental, então acabará com um "Deus" que não passa de uma projeção de seus próprios desejos. Acabará com um Deus que não é real, mas artificial, feito sob medida e em um laboratório, não cultivado no solo da realidade.

O bom dos deuses inventados é que eles concordam com você em tudo e deixam você viver como quiser. Infelizmente, eles são incrivelmente chatos, simplórios e monótonos — já que, na verdade, não existem.

Também há a possibilidade ainda mais aterrorizante de que você acabe com um "deus" que *é* real, mas não o único Deus verdadeiro e Criador, e que brinca com os seus desejos de querer tudo agora, apenas para se voltar contra você após enredá-lo.

Yahweh pode não se parecer exatamente como queremos que ele se pareça, pelo menos não à primeira vista. No entanto, à medida que começamos a ver seu caráter, à medida que sua beleza começa a entrar em foco, percebemos que, na realidade, o Deus verdadeiro é muito melhor do gostaríamos que ele fosse.

Essa foi a má notícia.

Já a boa notícia é esta: posso dizer com confiança que o aspecto de Deus que estamos prestes a desvendar é belo, e carrega uma verdade profunda.

Então vamos lá. Temos um bom terreno a percorrer neste capítulo, porque temos uma frase inteira para trabalhar, não apenas algumas palavras. Por isso, vamos trabalhar trecho por trecho e chegar à parte sobre Yahweh punir os filhos no final.

Continue lendo...

Para começar, a frase de abertura *da última parte do texto* é

"que mantém o seu amor a milhares…".

Mais uma vez, ouvimos falar do *hesed* de Yahweh, ou amor pactual, mas desta vez lemos que ele o *mantém*. A palavra-raiz aqui é *ntsr*, que significa "proteger" ou "guardar".

Essa linguagem é reutilizada pelo salmista:

> Não me negues a tua misericórdia, Senhor [Yahweh];
> que o teu amor e a tua verdade sempre me protejam.[2]

A essa altura, toda a linguagem da passagem de Êxodo deve saltar-lhe aos olhos: misericórdia, amor, fidelidade. O poeta ora para que o caráter de Yahweh o *proteja*, o vigie e o guarde do mal, especificamente de pessoas más.

Yahweh é como uma sentinela de guarda. Ele quer *garantir* que você receba o seu *hesed*. Mas não apenas você! Ele "mantém o seu amor a *milhares*". A ideia aqui é o alcance do *hesed* de Yahweh. Seu amor não é apenas para alguns de seus favoritos — é *ilimitado*. Não há um limite superior nem inferior.

Em seguida, Yahweh nos diz que ele:

"perdoa a maldade, a rebelião e o pecado...".

Muitas pessoas pensam no perdão como algo introduzido por Jesus, como se fosse um conceito novo, estranho a Moisés e aos escritores do Antigo Testamento. Mas isso apenas mostra o pouco tempo que passamos com a Bíblia. A palavra *perdoar* é usada ao longo de todas as Escrituras hebraicas.

Em Êxodo 34:7, a palavra hebraica traduzida por "perdoar" é *nasa*, e literalmente significa "levantar", "carregar" ou "tirar".

Nasa é um sinal que aponta direto para Jesus. Não quero me adiantar, mas é exatamente isso que ele faz na cruz. Ele levanta o pecado sobre seus ombros e depois o leva embora — direto para as mandíbulas do próprio inferno. João Batista chamou Jesus de "o Cordeiro de Deus, que *tira* o pecado do mundo!".[3]

O que Yahweh perdoa? A linguagem aqui é "a maldade, a rebelião e o pecado" — as três palavras mais comuns na Bíblia hebraica para a extensão da depravação humana.

Em hebraico, "maldade" é *avon*. É uma palavra genérica que basicamente significa qualquer tipo de mau comportamento — desde cortar um motorista idoso no trânsito até genocídio.

"Rebelião" é a palavra *pesha*, que significa "quebrar a lei". *Pesha* é uma palavra jurídica, do tipo usado em um tribunal. É um crime, uma violação. É quando sabemos exatamente o que Deus ordena e dizemos: "Farei do meu jeito, muito obrigado".

Já "pecado" é *hata*, que significa "errar o alvo". É uma imagem: visualize um arqueiro e um alvo. Ele puxa o arco para trás e solta a flecha. "Pecar" é errar o alvo. Na época de Moisés, não era realmente uma palavra moral; significava apenas errar, fracassar.

Repare que essas três palavras se unem para cobrir toda a extensão da corrupção humana. Mas o ponto aqui não é impor a você um senso de culpa, e sim que *Yahweh está perdoando pecados de todas as formas e tamanhos.*

O ponto não é apenas que ele perdoa.

Mas que ele é perdoador.

Percebe?

Em uma alusão poética a Êxodo 34, o profeta Miqueias fala sobre a natureza perdoadora de Yahweh:

> Quem é comparável a ti, ó Deus,
>   que perdoas o *pecado*
>   e esqueces a *transgressão*
>   do remanescente da tua herança?
> Tu, que não permaneces *irado*
>   para sempre,
>   mas tens prazer em mostrar *amor*.
> De novo terás *compaixão* de nós;
>   pisarás as nossas *maldades*
>   e atirarás todos os nossos *pecados*
>   nas profundezas do mar.[4]

Então o perdão cresce a partir do *nome* de Deus, de seu caráter; o perdão flui da essência interior de Yahweh, das partes mais profundas e verdadeiras do seu ser. Como disse um importante acadêmico em seu comentário sobre Êxodo 34: "Ele não perdoa de forma relutante os pecados contra si e contra os outros; ele o faz com entusiasmo, como uma manifestação de seu caráter".[5]

Que ótima frase: "ele o faz com entusiasmo".

É como se Yahweh estivesse *ansioso* para perdoar, como se ele acordasse cedo todas as manhãs pensando: *Quem posso perdoar hoje?*

É da *natureza* de Yahweh.

Mas há um contraponto para a natureza perdoadora de Deus:

"Contudo, não deixa de punir o culpado..." Essa frase traz certas nuances que são difíceis de serem transpostas na tradução. Outra tradução nos aproxima um pouco mais do original hebraico: "mas que de maneira alguma *inocentará o culpado*".[6] A ideia aqui é que Yahweh é perdoador por natureza, mas, ao mesmo tempo, também é *justo*. Yahweh não deixa os culpados escaparem impunes.

Há muitas pessoas que *não querem* o perdão.

Algumas porque negam que são pecadoras. Afinal, a cosmovisão secular ocidental na qual crescemos essencialmente nega a pecaminosidade humana. A ideia de que "todos pecaram e estão destituídos da glória de Deus",[7] que cada um de nós nasce com uma inclinação para o mal, que algo no cerne do nosso ser está distorcido — isso está fora de sintonia com nosso tempo, descartado como a ressaca de um mundo religioso e tradicional do qual queremos desesperadamente nos livrar, uma espécie de heresia cultural em nosso novo mundo pós-cristão. A fé cega do mundo ocidental na política, na educação e no próximo "aplicativo essencial" para inaugurar nossa própria utopia sem Deus é desesperadamente ingênua, na melhor das hipóteses. E como a nossa sociedade nega que "todos pecaram", também é forçada a culpar *outra pessoa* pelos males do mundo. Ouça por cinco minutos um programa de rádio: é uma transferência de culpa sem fim. A direita culpa a ACLU,[*] imigrantes ilegais e os muçulmanos; a esquerda, a religião, o povo "caipira" de cidades pequenas e comunidades rurais e os gerentes de *Hedge Funds*. Qualquer que seja o problema — a economia, o terrorismo, a saúde —, é sempre culpa de outra pessoa. Essa negação contínua é profundamente destruidora para a nossa sociedade e ainda mais para o nosso relacionamento com Deus. Se nos recusarmos até a admitir que somos pecadores, então não podemos receber o perdão de Yahweh. O perdão é como um presente: você tem de estender a mão, pegá-lo e abrir a caixa; tem de dizer "sim" a ele.

Outros estão bem cientes de quão bagunçados nós, seres humanos, somos, mas simplesmente não se importam. Essas pessoas não negam a pecaminosidade humana; ao fazerem algo de errado, até se gabam de suas ações. Sem remorso e sem arrependimento, elas continuam no pecado, não se importando com o dano colateral sofrido pelos outros ou com a dor que causam ao coração de Deus.

Yahweh não faz vista grossa para nenhum dos dois tipos; ele não faz vista grossa ao pecado. *Ah, tudo bem! Moleques fazem molecagem!*

Nunca!

Ele é justo.

E a justiça de Yahweh é uma coisa *boa*. Sinto arrepios quando leio: "Ele não inocenta o culpado". Mesmo com as nuances que eu mencionei, ainda assim é aterrorizante. Mas lembre-se: o objetivo final de Deus é um mundo *sem* maldade. A justiça de Yahweh não diz respeito à retribuição, revanche ou algum tipo de macrovingança divina, mas sobre a cura e renovação do mundo. É por isso que a justiça de Yahweh não é rígida, e sim flexível; é maleável e aberta. Deus é altamente sensível a qualquer mudança de direção. Quando nos arrependemos, ele é *responsivo* — com misericórdia. Se, porém, não nos arrependermos, chegará o tempo em que ele colocará um fim à nossa bagunça.

Afinal, a maldade é o subproduto do pecado, e Yahweh anseia por um mundo sem o mal: sem trabalhadores da indústria têxtil em Bangladesh, escravizados doze horas por dia, sete dias por semana, em condições perigosas, mal conseguindo sobreviver — tudo para que possamos comprar uma camiseta por um preço baixo; sem ditadores cruéis arruinando uma economia por meio de guerras, com "limpeza étnica" e corrupção desenfreada; sem abusos, sem tiroteios em escolas primárias, sem violência; sem racismo, sem misoginia, sem exploração de mulheres e crianças; sem ansiedade, sem depressão, sem doenças mentais; sem divórcio, sem traição, sem desintegração da família, sem órfãos — *um mundo sem qualquer maldade.*

Quantos de vocês querem viver nesse tipo de mundo?

Esse mundo é possível.

Se você é um seguidor de Jesus, um dia *você vai viver em um mundo assim*!

Porque Yahweh é justo.

E isso é uma coisa *boa!* Faz parte das boas novas. A esperança do evangelho não é que os sobreviventes do Holocausto ficarão ao lado de Hitler por toda a eternidade ou que uma vítima de violência doméstica viverá para sempre com o marido abusivo. A esperança é que *não haverá* Hitlers, nem mulheres espancadas por seus companheiros, nem traficantes de escravos, nem maníacos genocidas, nem homens-bomba invadindo mercados lotados, nem drones voando sobre a sua casa enquanto o seu filho de cinco anos se encolhe de medo — nada e ninguém que seja abertamente hostil ao caminho de Jesus, *porque Deus acabará com o mal de uma vez por todas.*

O juiz *finalmente* julgará.

E nós queremos justiça.

Ansiamos por justiça.

Ardemos por justiça, no fundo do coração.

Toda vez que vemos outra história sobre um esquema de fraudes em Wall Street, mais um levante violento na África ou um episódio de violência racial aqui nos Estados Unidos — toda vez que vemos o mal —, sentimos uma dor aguda, visceral. Pensamos: *Será que alguém pode, por favor, fazer alguma coisa a respeito?*

Nas palavras do profeta Amós: "Corra a retidão como um rio".[8]

Um dia, o desejo do profeta será cumprido. Agora, a justiça de Yahweh é como um gotejo, mas um dia ela se transformará em um rio e, a partir daí, em um oceano cobrindo o mundo. Quando Jesus voltar, aleijará o pecado de uma vez por todas e colocará o mal de joelhos para sempre.

Então, para resumir:

Porque Yahweh é perdoador, não precisamos nos encolher de medo e temer o retorno de Jesus. Podemos levar nossa "maldade, rebelião e pecado" diretamente para a cruz e deixá-los morrer nos ombros de Jesus.

Entretanto, porque Yahweh também é justo, podemos aguardar com expectativa o dia em que seu Filho, Jesus, julgará o mundo, banirá o mal para sempre e conduzirá a humanidade para um horizonte glorioso.

Esse é o evangelho.

Mas, infelizmente, você talvez ainda esteja pensando: *Sim, ótimo, mas e quanto a como Yahweh pune as crianças?*

Essa é a próxima seção inquietante:

"castiga os filhos e os netos pelo pecado de seus pais…".

O que uma declaração dessas significa?

Para começar, não significa o que parece à primeira vista, pelo menos não na minha tradução, segundo a qual Yahweh pune os filhos pelo pecado dos pais.

Aqui está o porquê: mais tarde, Moisés traz exatamente o argumento oposto: "Os pais não serão mortos em lugar dos filhos, nem os filhos em lugar dos pais; *cada um morrerá pelo seu próprio pecado*".[9]

Moisés está se contradizendo?

Ou ouça o comentário do profeta Jeremias sobre esse trecho complicado de Êxodo 34: "Mostras bondade até mil gerações, mas lanças os pecados dos pais sobre os seus filhos [...] *tu retribuis a cada um de acordo com a sua conduta, de acordo com os efeitos das suas obras*".[10]

Hmmm...

Então, se Yahweh *não* está dizendo que, se a vovó mente na declaração de imposto de renda, ele vai descontar no pequeno Joãozinho, o que *ele está dizendo* afinal?

Há camadas de significado no texto. Acompanhe-me:

A primeira camada é que o pecado dos pais tem consequências para o futuro dos filhos. Esse é o significado óbvio e axiomático; e todos nós sabemos que é verdade.

Se o pai e a mãe dirigem um laboratório de metanfetamina, são presos pela polícia e vão para a cadeia, os filhos são os que mais sofrerão: acabarão no sistema de adoção, sem a família que Deus pretendia, muitas vezes passando de casa em casa, sem estabilidade. Se não forem colocados em uma boa família, poderão facilmente ser abandonados na rua aos dezoito anos. Contudo, mesmo que eles sejam acolhidos por uma família saudável e seguidora de Jesus — como no caso de muitas famílias adotivas da minha igreja —, ainda assim eles entrarão na vida adulta com a desvantagem dos erros de seus pais.

Ou, para dar um exemplo mais comum: se o pai e a mãe se divorciarem, os filhos sofrerão as consequências. A despeito da ridícula ideia propagada em nossa cultura de que o divórcio é uma zona livre de perigo para as crianças, todos sabemos que isso não é verdade. Os danos do término de um casamento que desandou são incalculáveis: luto, problemas de confiança, insegurança, dificuldades econômicas, feriados complicados, medo de compromisso mais tarde na vida. Quando os pais pecam, os filhos são danos colaterais.

Mas não é apenas isso que Yahweh está dizendo. **A próxima camada de significado é que o pecado percorre a família.** O pecado — como o seu DNA, a cor de seus olhos, suas características físicas ou sua personalidade "peculiar" — é passado de uma geração para a próxima.

O pecado de uma geração geralmente se torna o pecado da próxima geração...

e da próxima...

e da *próxima*...

Minha irmã — chamo-a carinhosamente de Betes — acabou de ter um bebê, Birdie James. Por mais que eu queira pensar em minha linda sobrinha recém-nascida como inocente, como uma tela em branco, ela não é; de fato, nenhum de nós é. Todos chegamos ao mundo carregando toneladas de bagagem de nossa linhagem familiar. Mesmo hoje — no que é de longe a sociedade mais individualista de todos os tempos —, temos ditados como "tal pai, tal filho" ou "a maçã não cai longe da árvore".

Juramos: "Nunca serei como meu pai, minha mãe, meu avô ou aquela tia estranha por parte da minha mãe". Mas, então, para o nosso desânimo, vemos exatamente os mesmos padrões disfuncionais ressurgirem em nossa própria vida.

Alguns de nós simplesmente não conseguem escapar do sobrenome.

Tudo isso nos leva à última camada de sentido, onde atingimos o fundo do poço. Para mim, é a ideia principal: **porque Yahweh é justo, ele continuará a punir o pecado em cada geração, até que o pecado esteja completamente eliminado**.

Em outras palavras, não pense que, porque Deus puniu o seu pai por idolatria, você está livre de sua própria idolatria. Deus punirá você da mesma forma que puniu seu pai. Da mesma forma que puniu seu avô. Da mesma forma que puniu seu bisavô. Porque seu objetivo final é um mundo livre do mal, e ele não vai parar até que a erradicação do pecado em sua linhagem familiar esteja completa.

Se isso é desconcertante para você, continue lendo. A última frase é minha parte favorita:

"até a terceira e quarta gerações".

O final é uma reviravolta, uma surpresa; e é extraordinário!

A palavra *gerações* não está no original hebraico. Foi adicionada na tradução para que os leitores modernos entendessem o sentido de uma estranha expressão idiomática hebraica. Estudiosos apontam que Êxodo 34:6-7 tem um ritmo poético,[11] e qualquer palavra que venha depois de "milhares" também pode vir depois de "até a terceira e quarta". Então, o texto poderia ser lido como:

"mantendo o amor por milhares *de gerações*...

e

ele castiga os filhos até a terceira e quarta *gerações*".

Mas, mais literalmente, poderíamos traduzir a passagem como:

"mantendo o amor por milhares...

e

ele castiga os filhos até a terceira e quarta".

Você vê a imagem?

Imagine uma balança — não aquela no seu banheiro, que faz você se sentir culpado pela pizza que comeu ontem à noite. Visualize em sua mente aquela balança segurada pela estátua da Justiça*, com um ponto de apoio no meio e um peso de cada lado.

Em seguida, imagine que ela está desequilibrada.

De um lado está a misericórdia de Yahweh.

Do outro, sua justiça.

Mas elas estão muito desequilibradas. A imagem aqui é de uma balança que pesa para o lado da misericórdia. Yahweh pune até a terceira e quarta gerações, sim, mas está "mantendo o amor por *milhares*".

Como um escritor do Novo Testamento dirá posteriormente: "A misericórdia triunfa sobre o juízo".[12]

Yahweh é justo, e isso é uma boa notícia. É por isso que podemos esperar um amanhã melhor. Mas Yahweh também é perdoador. Ele não pode deixar de mostrar misericórdia; faz parte de sua natureza. E, quando sua justiça e misericórdia se chocam — quando elas entram em conflito e se confrontam —, *a misericórdia vence todas as vezes.*

DOIS: Histórias

Vemos essa tensão no caráter de Yahweh, esse cabo de guerra interno entre sua misericórdia e justiça, se desenrolar em todas as Escrituras.

Quero conduzir sua atenção a uma história em Números 14, uma das poucas histórias em que a segunda metade de Êxodo 34:6-7 é citada. Geralmente, os escritores bíblicos citam apenas a primeira parte — sobre como Yahweh é compassivo, gracioso e lento para se irar. Faz sentido. Tendemos a nos concentrar nos aspectos de Deus que gostamos e deixar de lado as partes que não gostamos. Em Números 14, porém, temos uma citação desse trecho final espinhoso.

Aqui está o contexto: Israel se encontra em uma situação ruim. Eles finalmente chegaram à beira de Canaã — este novo lar exótico para o qual viajavam há mais de um ano. Como você diria em 1500 a.C., "uma terra onde manam leite e mel".[13] Ao chegarem, os israelitas descobrem que a terra está cheia de amalequitas, uma tribo bárbara e masoquista de guerreiros antigos; e eles têm *gigantes*. Em um mundo de combate corpo a corpo, gigantes são como armas nucleares.

Que chance um bando de ex-escravos camponeses tem contra *algo assim*?

O povo, portanto, se rebela. Os israelitas se recusam a atravessar o rio Jordão. "Escolheremos um chefe e voltaremos para o Egito", concluem.[14]

Moisés e seu irmão, Arão, fazem o possível para acalmar Israel, mas não adianta: "a comunidade toda falou em apedrejá-los".[15]

O problema é que o povo israelita não confia em Yahweh. Os israelitas não acreditam de fato que ele é compassivo e gracioso, um Deus que age como um pai cuidando de seus filhos. Logo, eles pecam.

O pecado, em sua raiz, é não confiar em Deus.

Queremos fazer do pecado uma questão de tentação e falta de autocontrole, e é. Mas, na verdade, sob a fachada, o pecado diz respeito a não confiar no caráter de Yahweh.

Pense em Adão e Eva no Jardim. Yahweh coloca duas árvores no meio do Éden. Uma é a "árvore da vida" —

se comessem dessa árvore, viveriam para sempre. A outra é a "árvore do conhecimento do bem e do mal", mas é proibida. Se comessem dessa árvore, Deus disse: "Certamente morrerão".[16]

Uma árvore, vida.

A outra, morte.

Bastante direto, certo?

Mas o que a serpente diz a Eva?

"Certamente não morrerão! Deus sabe que, no dia em que dele comerem, seus olhos se abrirão, e vocês, como Deus, serão conhecedores do bem e do mal".[17]

Você vê o que a serpente está fazendo? Como é sutil e esperta? Ela insinua que Eva não pode confiar em Deus. A serpente sugere que Deus tem motivos ocultos, um plano suspeito. Yahweh não tem o bem de Eva em mente.

Portanto, Eva tem uma decisão a tomar: confiar em Deus. Ou seja, crer que ele quer o melhor para ela. *Ou* confiar na serpente e em seu próprio julgamento, seguindo seus sentimentos.

E em quem Eva confia?

Pois é...

Agora, se você não está muito familiarizado com a Bíblia, uma história sobre uma serpente falante e uma mulher nua falando língua de cobra na frente de uma árvore mágica parece ridícula. Eu entendo.

Estamos lendo uma narrativa aqui? Uma poesia, uma parábola?[18]

Honestamente, isso não vem ao caso.

O ponto é: *desde o início da história*, seres humanos são péssimos em confiar em Deus. O sangue de Eva está em nosso DNA. Todos nós já estivemos lá, com o fruto na mão, com a voz da serpente em nosso ouvido. Todos nós já fizemos a escolha errada, simplesmente porque não confiamos no nome de Deus.

É exatamente isso que vemos acontecer em Números 14. O povo não confia em Yahweh e acaba pecando, rebelando-se abertamente e permanecendo do lado errado do Jordão.

E o que acontece? O resultado não é agradável.

Yahweh diz a Moisés: "Até quando este povo me tratará com pouco caso? Até quando se recusará a crer em mim, apesar de todos os sinais que realizei entre eles? Eu os ferirei com praga e os destruirei, mas farei de você uma nação maior e mais forte do que eles".[19]

Yahweh essencialmente diz que vai recomeçar com Moisés. Veja, talvez você ache que Moisés diria: *"Fantástico!* Israel é uma dor de cabeça, nada além de problemas para o profeta". Mas Moisés está começando a manifestar o caráter do seu Deus. Moisés diz a Yahweh: "Então os egípcios ouvirão...".[20]

Moisés argumenta com Deus — dizendo-lhe para pensar em seu nome, sua reputação, no que as outras nações pensariam dele.

Em seguida, ele cita Êxodo 34:6-7 *de volta para Yahweh*.

> Mas agora, que a força do Senhor se manifeste, segundo prometeste: 'O Senhor [Yahweh] é muito paciente e grande em fidelidade, e perdoa a iniquidade e a rebelião, se bem que não deixa o pecado sem punição, e castiga os filhos pela iniquidade dos pais até a terceira e quarta geração'. Segundo a tua grande fidelidade, perdoa a iniquidade deste povo, como a este povo tens perdoado desde que saíram do Egito até agora.[21]

Reitero: Moisés chama Yahweh para ser *Yahweh*, ou seja, para ser fiel ao seu caráter.

Para ser perdoador.

E Yahweh *imediatamente* diz: "Eu o perdoei, conforme você pediu".

Quando se trata de misericórdia, você não precisa torcer o braço de Deus.

Se essa história parece um *déjà vu*, é por um bom motivo: essa é a *segunda* vez que Yahweh sugeriu destruir Israel, a *segunda* vez que Moisés convenceu Deus a não fazer isso e a *segunda* vez que Deus *naham*, isto é, mudou de ideia.

E você sabe o que dizem sobre quando Deus se repete...

Eu amo histórias como essas porque elas explodem a imagem de um Deus frio e robótico no céu, que dirige o universo como uma máquina automatizada, como se o futuro fosse uma jornada pré-mapeada. Em vez disso, Yahweh é uma *pessoa*. Ele é Deus, nadando em mistérios que nunca entenderemos, mas que, de alguma forma, quando oramos, ele ouve e — você está pronto para dizer mais uma vez? — *responde*! Ele é interativo, maleável e aberto a sugestões.

Mas eu já fiz esse ponto — uma dezena de vezes, provavelmente. Porque, se realmente quer enfatizar um ponto, você...

Está bem, vou parar agora.

A história, contudo, ainda não acabou. O próximo trecho é assombroso:

> *No entanto, juro pela glória* [de Yahweh] [...] *nenhum deles chegará a ver a terra que prometi com juramento aos seus antepassados* [...]. Quanto aos seus filhos, sobre os quais vocês disseram que seriam tomados como desposo de guerra, eu os farei entrar para desfrutarem a terra que vocês rejeitaram. Seus filhos serão pastores aqui durante quarenta anos, sofrendo pela infidelidade de vocês.[22]

Cara, esse início é um balde de água fria: "no entanto".

Yahweh foi perdoador; os israelitas ainda eram o seu povo. A misericórdia prevaleceu. Todavia, uma geração inteira acabou morrendo no deserto.

No entanto...

Eles simplesmente não eram o tipo de povo que poderia entrar na terra. Deus teve de esperar uma nova geração surgir e tentar novamente.

Observe o caso em questão: os filhos sofrem pelo pecado dos pais! Eles tiveram de vagar atrás de mamãe e papai no deserto.

O ponto desta história é este: **Yahweh é perdoador, mas o pecado, não.**

O pecado é *im*perdoável: impiedoso, mesquinho e cruel.

Nosso pecado tem consequências. Podemos perder bênçãos de forma irrecuperável. Podemos acabar como Israel — perdoados, sim, mas perdidos no deserto, sem deixar rastros.

Pegando emprestada a minha analogia excessivamente gasta, digamos que eu tenha um caso, traia a minha esposa, traia a minha família e profane a própria essência da confiança. Mas então, digamos que eu me arrependa, termine tudo e volte rastejando para Deus e para a minha família. Não tenho dúvidas de que Deus me perdoaria.

Entretanto, eu passaria o resto da minha vida juntando os cacos.

Na melhor das hipóteses, meu casamento sofreria uma ruptura catastrófica de confiança; na pior das hipóteses, poderia facilmente chegar a um fim rápido e terrível. Levaria anos para eu reconquistar o respeito dos meus filhos, se é que o teria de volta algum dia. Sou pastor, então perderia meu emprego imediatamente. Com a minha falta de habilidades "comercializáveis" e meu dever de pagar pensão alimentícia, rapidamente eu cairia na pobreza. Tenho certeza de que a minha comunidade me apoiaria, mas a minha reputação carregaria um estigma. Levaria décadas para reconstruir uma cópia barata da vida que eu tinha antes.

Sim, planejo *nunca* trair minha esposa.

Mas insisto: quem planeja uma coisa dessas, para início de conversa?

O que estou dizendo é que precisamos levar o pecado *muito mais a sério*.

Se o seu coração está pesado e você se sente enjoado agora, ótimo: essa é a resposta saudável e emocionalmente madura à gravidade do pecado.

Deus perdoa? Constantemente. Limpa a ficha e ajuda as pessoas a recomeçarem? O tempo todo. Há cura em Jesus? Sim.

Mas ainda precisamos lidar com o peso do pecado, porque não queremos perder bênçãos! Não queremos olhar sobre as águas do Jordão, bem no limiar da vida que Deus tem para nós, apenas para jogar tudo fora e passar anos de nossa vida em arrependimento.

TRÊS: Jesus

Portanto, há uma tensão aqui entre misericórdia e justiça — uma tensão que remonta a muito tempo atrás. Você a sente em cada página da Bíblia. À medida que a história continua, começa a pensar: *Como Deus vai resolver essa tensão?*

E a resolução finalmente chega, não em uma brilhante palestra de um teólogo famoso, mas em um rabino de Nazaré chamado Jesus.

Você se recorda da alusão de Êxodo 34 no evangelho de João a sobre como "Aquele que é a Palavra tornou-se carne e viveu entre nós"?[23] Pois bem, João continua dizendo que Jesus é "o Cordeiro de Deus, que tira o pecado do mundo".[24]

Cordeiro de Deus?

Ovelha de Yahweh?

A imagem se aproveita da rica e antiga tradição hebraica do sacrifício de animais. Por mais de mil anos, a maneira de Yahweh lidar com o pecado era através do sangue.[25] Se você estragasse tudo (ou, talvez seja melhor dizer, *quando* você estragasse tudo), iria ao templo em Jerusalém e levaria consigo um animal — geralmente um cordeiro. Você colocaria sua mão sobre a cabeça do animal, e o sacerdote cortaria sua garganta e queimaria sua carcaça no altar. O cordeiro sofreria e morreria *em seu lugar*.

Você peca. O cordeiro morre.

O cordeiro morre. Você continua vivendo no favor de Deus.

Por mais sangrento, pré-moderno e não vegano que isso possa parecer, tudo era um sinal apontando para Jesus. Está claro, em todo o Antigo Testamento, que todo o sistema sacrificial foi temporário. Foi uma solução provisória até que Yahweh manifestasse uma maneira melhor de conciliar sua misericórdia e justiça.

Até lá, trata-se de algo brilhante. Yahweh estava apresentando seu povo ao que os teólogos chamam de *expiação substitutiva* — a ideia de que outra pessoa pode morrer em seu lugar.

Outra pessoa pode receber a punição por seu crime. A ideia era revolucionária para os padrões da época.

Por um milênio, esse "alguém" era um cordeiro.

Até que veio Jesus, o "Cordeiro de Deus".[26]

Uma das reflexões mais impressionantes sobre o significado da morte de Jesus é encontrada em *Romanos*. A carta está repleta de linguagem sobre como Jesus é o sacrifício que encerra todos os sacrifícios, como ele morreu em *nosso* lugar.

Paulo escreve: "Deus o ofereceu como *sacrifício* para propiciação mediante a fé, pelo seu sangue, demonstrando a sua justiça. Em sua tolerância, havia deixado *impunes* os pecados anteriormente cometidos; mas, no tempo presente, demonstrou a sua justiça, a fim de ser justo e justificador daquele que tem fé em Jesus".[27]

Com um jogo de palavras inteligente, Paulo está dizendo que a morte de Jesus é a solução para o antigo dilema da misericórdia e da justiça de Deus.[28] A cruz é uma expressão da misericórdia de Yahweh, sua maneira de perdoar "a maldade, a rebelião e o pecado". No entanto, a cruz também é uma expressão da justiça de Deus: "ele não deixa de punir o culpado".

Ele é justo…

e o justificador.

Neste momento, vemos, de forma mais clara do que nunca, a natureza de Yahweh. A reconciliação da misericórdia e da justiça de Yahweh na morte de Jesus é a expressão máxima do caráter de Deus. A tensão finalmente é resolvida. Está na natureza de Deus mostrar misericórdia e perdoar, mas também está em sua natureza lidar com o pecado, e essas duas partes da pessoa de Deus, aparentemente em desacordo por tantos anos, finalmente se unem na cruz em bela harmonia.

Abra os olhos: *Deus é assim.*

Apesar de toda a conversa na Bíblia sobre a ira de Yahweh, ninguém deveria jamais acusá-lo de ser mau. Sim, ele fica bravo, mas direciona essa raiva para *si mesmo*. Yahweh não faz com que você e eu paguemos por nosso pecado: *ele* paga pelo nosso pecado, com a moeda de seu próprio sangue.

Nós pecamos. Jesus morre.

Jesus morre. Nós continuamos vivendo em relacionamento com o Pai.

Bem-vindos ao reino de Deus, meus amigos!

Pense em como Yahweh se difere categoricamente de todos os outros "deuses". Lembra-se de Ártemis e do rei Agamenon? A deusa estava tão irritada que fez o rei sacrificar sua própria filha.

Mas esse Deus — o único Deus verdadeiro, o Criador — não exige que ofereçamos nossos filhos como sacrifício humano. Em vez disso, *ele* entrega o *seu* Filho.

E Jesus não está agindo por conta própria; é o Pai e o Filho trabalhando juntos. Por toda a minha vida, ouvi pregadores dizendo: "O Pai derramou sua ira sobre o Filho". Mas não sei se isso está certo. A ideia rapidamente volta à velha, cansada e pouco criativa caricatura do Pai como um ser maldoso, mal-humorado e sedento por sangue, e Jesus como o pacifista dócil e tranquilo que acaba morrendo na cruz, vítima dos problemas de raiva do Papai.

No entanto, os escritores do Novo Testamento nunca dizem que o Pai "derramou sua ira sobre o Filho". Pense nisto: o Pai não estava zangado com o seu Filho Jesus; na verdade, ele estava "muito satisfeito" com Jesus.[29] Além do mais, que pai assassinaria o seu filho para obter justiça? O Pai estava zangado com o *mal* — e Jesus também! Ambos estão angustiados com o efeito dominó do pecado no mundo. A cruz foi o Pai e o Filho *trabalhando em conjunto*, em sintonia, para unir a misericórdia e a justiça — para absorver todo o pecado do mundo e a maldade que o pecado cria na morte de Jesus, abrindo as portas, então, para toda a vida de Deus na ressurreição.[30]

Uau!

Pare um minuto e reflita no que acabou de ler...

QUATRO: Nós

Chegamos ao final.

Um sentimento agridoce, não é?

Vamos terminar da forma como começamos, com boas notícias; comecemos, porém, com as notícias não tão boas, porque você já demonstrou *não* ser um procrastinador.

A parte final de Êxodo 34 traz tanto esperança quanto um aviso.

O aviso é este: **Yahweh lidará com o pecado em nossa vida, de uma forma ou de outra**. Podemos não levar o pecado tão a sério, mas ele o leva — a ponto de morrer, literalmente.

O pecado é desumanizador. Não há palavra melhor para isso. Quando pecamos, nos tornamos menos que seres humanos; erramos o alvo de tudo o que o nosso Criador pretendia para a nossa vida. É por isso que Deus geralmente não precisa levantar um dedo para punir o nosso pecado: o pecado é o próprio castigo.

Por exemplo:

O castigo pela pornografia é uma mente distorcida, uma incapacidade de ver as mulheres (ou homens) como algo além de objetos para a luxúria, uma violação da intimidade com o cônjuge e uma erosão do prazer sexual.

O castigo pela mentira e pela trapaça é que você é, enfim, apanhado. Você *sempre* é pego, de modo que o castelo de cartas que é a sua vida se desfaz em segundos.

O castigo pela fofoca é que, com o tempo, as pessoas param de confiar em você, e você acaba não apenas rancoroso, irritadiço e cínico, mas sozinho, assombrado por não saber o que as demais pessoas estão falando a seu respeito. A paranoia se torna o seu estado regular de espírito.

E, quando continuamos pecando repetidamente, apesar da misericórdia de Deus, arriscamos, por fim, atrair a mão de Deus contra nós. Acredite: você não quer Deus como inimigo.

Os escritores bíblicos falam sobre o temor de Yahweh; a frase é usada em toda a Bíblia. Não posso dizer quantas vezes ouvi pessoas a explicarem mais ou menos assim: "Temor não significa realmente medo, mas reverência ou respeito".

Isso é estranho, já que o texto bíblico diz *temor*. As Escrituras trazem dezenas de histórias sobre homens e mulheres que encontram Yahweh — e como, em quase todas as histórias, eles *ficam apavorados*. Yahweh é terrivelmente bondoso.

Como escreveu o autor de Hebreus: "Terrível coisa é cair nas mãos do Deus vivo!".[31]

Isso me faz pensar na minha infância. Tive um pai incrível. Ninguém é perfeito, mas, com toda honestidade, meu pai foi incrível. Contudo, lembro-me da frase arrepiante da minha mãe quando eu errava feio: *espere até o seu pai ouvir o que você fez*. Passava o resto do dia temendo a ira vindoura! Meu pai nunca foi abusivo, violento ou cruel, nem de longe. Mas não deixaria o meu pecado passar, porque via algo melhor em mim.

Hoje, como pai, amo demais os meus três filhos para fazer vista grossa aos pecados deles. Amo-os demais para simplesmente deixar passar, ignorar ou empurrar para debaixo do tapete. Meu desejo é que os pecados *sumam* da vida deles! Quero que eles cresçam em tudo o que Deus os criou para ser. Meu trabalho como pai é ajudá-los a se desfazer da bagagem que os impedirá de viver uma vida plena.

Da mesma forma, a misericórdia paternal de Yahweh não tem fim. Mas isso não significa que ele não lidará com o seu pecado. Na verdade, significa que ele o levará ainda *mais* a sério, porque você é um filho de Deus.

Penso na famosa frase em Hebreus sobre como "o Senhor disciplina a quem ama [...] Deus os trata como filhos. Ora, qual o filho que não é disciplinado por seu pai? Se vocês não são disciplinados [...] então vocês não são filhos legítimos, mas sim ilegítimos".[32]

Há uma menina em nosso bairro que é uma mestra do crime em potencial — sério mesmo, a próxima Capone.* Quando os meus filhos a veem, literalmente correm na outra direção. Mas eu não a disciplino, principalmente porque é ilegal — infelizmente —, mas também porque *ela não é minha filha*.

De vez em quando, ouço pessoas afirmarem: "Deus nunca castiga seus filhos".

Espere, o quê? Como assim?

É *claro* que ele castiga! Todo bom pai disciplina. Se você é filho ou filha de Yahweh, *espere* por sua disciplina. Afinal, você é amado, profundamente amado.

Talvez você precise largar este livro e ir se arrepender. Por *arrepender-se*, não quero dizer apenas sentir culpa ou ficar de mau humor por alguns dias; quero dizer remorso genuíno, seguido por uma mudança de estilo de vida. Leve o seu pecado diretamente a Jesus. Não o esconda, não minta acerca dele, não dê desculpas. Apenas leve-o diretamente a Yahweh e deixe que ele leve seu pecado embora, absorvendo-o na cruz, quebrando, na ressurreição, o domínio do pecado sobre você. Deixa Yahweh libertar seu ser.

E esta é a boa notícia, a esperança: **podemos ser libertos do pecado, mesmo do pecado que há muito percorre as gerações da família.** A esperança de "até a terceira e quarta geração" é que não precisamos repetir os erros de nossos pais, avós e bisavós. Podemos sair da roda do hamster, recuperar nossa humanidade; não precisamos ficar presos nesse ciclo. Se você vive sob a sombra de um pecado geracional, se vive com medo de crescer e ser como o seu pai ou a sua mãe, então ouça: o que foi verdade sobre os seus pais *não precisa ser verdade sobre você*. Você pode mudar a trajetória de sua linhagem familiar — aqui, agora, com Jesus. Pode levar seu pecado a Jesus, arrepender-se e assistir as algemas da pornografia, da mentira, da fofoca, da ganância, da inveja, da amargura ou *do que quer que seja* caírem de seus pulsos e baterem no chão.

Você já fez isso?

Se sim, está perdoado.

Real, verdadeira e honestamente perdoado por Deus.

Você tem ideia do quão impressionante é essa realidade? Seus pecados *se foram*, para sempre. Como diz o salmista (depois de citar Êxodo 34, devo acrescentar): "como dista o Oriente do Ocidente".[33] Trata-se de uma maneira poética de dizer que seus pecados nunca mais voltarão para assombrá-lo. Sua ficha está limpa.

E se você está lendo este livro e ainda não é um seguidor de Jesus — veja, você chegou até aqui. Isso é impressionante, de verdade!

Está pronto para dar o próximo passo?

Você pode trazer todo bem e mal, esperança e dor, sucesso e fracasso que é a sua vida perante Jesus — aqui e agora. Pode entregá-los a Jesus e receber misericórdia. Você também pode ser perdoado.

Você pode ser transformado em uma filha ou um filho com acesso irrestrito ao Pai, sem obstáculos atrapalhando o relacionamento de vocês, com todas as suas falhas apagadas — concluídas, terminadas, *finit!* —, com nada separando você do Criador de todas as coisas.

Tudo o que posso dizer é: bem-vindo à família.

Agora, para finalizar:

Se você está pensando: Isso é ótimo, John Mark, mas eu já confessei Jesus. Sei que sou uma filha, um filho, e sei que estou em um relacionamento correto com Deus. Mas ainda estou recolhendo os cacos dos erros que cometi cinco anos atrás, uma década atrás, duas décadas atrás. Sabe aquela coisa que você disse sobre como podemos perder bênçãos irrecuperavelmente? Sim, eu entendo; essa é a minha vida.

Como seguidores de Jesus, temos a esperança da vida eterna com Deus em um mundo livre do mal, e isso é ótimo; mas há muita vida a ser vivida entre o hoje e o que está por vir. E, se cometemos algum erro que transforma a vida, não queremos passar o tempo arrependidos, lamentando.

Terminemos, então, com uma última citação de Êxodo 34. Não tivemos tempo de olhar para cada ocorrência dessa passagem na Bíblia, mas *temos* de incluir esta próxima, e não consigo pensar em um lugar melhor para fazer isso. A passagem se encontra no profeta Joel. Não sabemos muito sobre o seu livro, mas é claro que ele escreve em um momento de crise em Israel. Algum tipo de desastre varreu o país, como uma praga de gafanhotos sobre um campo.

Entretanto, Joel tem uma mensagem de Yahweh:

> "Agora, porém", declara o Senhor [Yahweh], "voltem-se para mim de todo o coração, com jejum, lamento e pranto" [...] Voltem-se para o Senhor [Yahweh], o seu Deus, pois ele é misericordioso e compassivo, muito paciente e cheio de amor; arrepende-se, e não envia a desgraça. Talvez ele volte atrás, arrependa-se, e ao passar deixe uma bênção.[34]

Eu amo a paráfrase feita por Joel do trecho "e perdoa a maldade, a rebelião e o pecado. Contudo, não deixa de punir o culpado". Joel simplesmente diz: "Arrepende-se, e não envia a desgraça".

E então Joel termina com uma pergunta provocativa: quem sabe? Deus pode até mudar de ideia e deixar após si uma bênção.

É verdade que o pecado é incrivelmente cruel. Também é verdade que, quando pecamos, muitas vezes perdemos bênçãos de forma irrecuperável.

Mas é ainda *mais* verdade que Yahweh é compassivo e misericordioso, muito paciente, que seu amor e fidelidade transbordam e que perdoa todos os pecados imagináveis.

Se você voltar...

Se correr de volta para o seu Pai...

Se você se aninhar novamente em seu peito...

Quem sabe?

Ele poderia voltar atrás e *naham*...

Poderia responder com misericórdia...

Após a devastação de seu pecado, quando os gafanhotos tiverem ido embora e você se encontrar rodeado pelas ruínas do que um dia fora a sua vida, talvez descubra em suas mãos sementes para um novo plantio, uma terra fértil e úmida sob os pés, e quem sabe até sinta uma gota de chuva caindo em seu rosto...

Epílogo

Ciumento

Ontem, meu filho de seis anos me disse que é um péssimo escalador.

Estávamos na cozinha preparando o jantar, e ele me contava sobre uma festa de aniversário marcada para o fim de semana. Aparentemente, os pais do aniversariante alugaram um ginásio inteiro para a festa. (Fazendo o resto de nós, pais, parecermos mesquinhos — muito obrigado!). Não seria o céu na terra para um garoto de seis anos? Para mim, sim, mas *não* para Moses. Meu filho estava realmente apreensivo, com medo de escalar e... cair.

Foi quando Moses me disse: "Papai, não sei escalar".

Mas aqui está o detalhe: ele *nunca* fez escalada, nem uma vez sequer.

Quando ele pensa em escalar uma parede de seis metros com as mãos nuas, é aterrorizante, porque tudo que ele consegue imaginar é a queda.

É assim que você se sente sobre as ideias neste livro? Sobre escalar a montanha para encontrar Yahweh? Com medo de cair? É intimidante, como se fosse demais para uma pessoa "normal" como você?

Começamos o livro no topo do monte Sinai, onde estou certo de que ocorrera uma escalada. Terminemos, então, no mesmo lugar. Quero lhe mostrar o que acontece *em seguida*.

Depois de Deus dizer a Moisés o seu nome — Yahweh, o Deus compassivo, misericordioso e assim por diante — lemos isto: "Imediatamente Moisés prostrou-se, rosto em terra, e o adorou".[1]

Porque a única resposta adequada e racional a *esse* tipo de Deus é a adoração.

Toda adoração é uma resposta a quem Yahweh é. Por "adoração", não me refiro apenas a cantar algumas músicas na igreja, aos domingos. Adoração é uma vida inteira orientada em torno do assombro e da admiração pela natureza de Deus.

Temos falado muito sobre como Deus *responde*.

Adivinhe? *Nós também respondemos*.

Como?

Simples: nós adoramos.

Não adoramos Yahweh para manipulá-lo a nos abençoar — para obter seu favor ou cair em suas graças. Não, Yahweh é *compassivo* e *misericordioso*. *Já estamos* em sua graça.

Também não adoramos Deus para mitigar sua ira, como se ele fosse uma divindade implacável, apenas esperando para nos atacar ao cometermos a menor infração. Não, Yahweh é *tardio em irar-se*.

Tampouco adoramos Deus porque a nossa vida está desmoronando e precisamos que "o Homem lá de cima" nos ajude em um aperto. Não, Yahweh é *abundante em amor e fidelidade*.

Adoramos Yahweh *porque ele é Yahweh*.

Quando você deixa de enxergar Yahweh pelas lentes distorcidas dos mitos e equívocos, quando o caráter de Yahweh começa a entrar em foco, o que mais pode fazer além de adorar?

Assim, encontramos Moisés com o rosto no chão, mas ele não fica apenas prostrado. Moisés se levanta e faz um pedido ousado e audacioso:

> Senhor, se de fato me aceitas com agrado, que o Senhor nos acompanhe. Mesmo sendo esse um povo obstinado, perdoa a nossa maldade e o nosso pecado e faze de nós a tua herança.

Moisés implora a Yahweh para permanecer em relacionamento com Israel, mesmo depois de os israelitas adorarem os bezerros de ouro. Contudo, a esta altura você já deve saber que Yahweh precisa de pouquíssima persuasão. No versículo seguinte, ele declara: "Faço com você uma aliança [...]. Diante de todo o seu povo farei maravilhas jamais realizadas na presença de nenhum outro povo do mundo".

Yahweh não apenas "irá com" Israel, mas Israel se tornará o palco no qual sua história se desenrolará para o mundo. Como nação, os israelitas se tornarão um teatro vivo para todas as nações observarem de perto — para verem como Yahweh é e, por fim, também se tornar seus adoradores.

Mas, então, Yahweh diz algo inesperado: "Acautele-se para não fazer acordo com aqueles que já vivem na terra para a qual você está indo, pois eles se tornariam uma armadilha. Ao contrário: derrube os altares deles, quebre as suas colunas sagradas e corte os seus postes sagrados. Nunca adore nenhum outro deus, porque o Senhor [Yahweh], *cujo nome é Zeloso* [ou Ciumento], é de fato Deus zeloso".[2]

Espere, Yahweh é... *ciumento*?

Ontem à noite, enquanto lia essa passagem para os meus filhos antes de dormir, Jude — meu filho de nove anos — perguntou: "Espera um pouco, pai. Por que Deus é ciumento? Não é meio egoísta? Deus fica bravo se Israel não adora somente a ele? Como isso é aceitável?".

Ótima pergunta.

Deus é ciumento, mas não com o ciúme de um namorado egoísta — um namorado do tipo controlador e inseguro, checando o telefone da namorada quando ela não está por perto. O ciúme de Deus é o de um marido amoroso, fiel e apaixonado, que luta para manter a integridade de sua esposa. O ciúme de Deus é o de uma mãe que se esforça para manter o seu filho adolescente longe do traficante local.

No entanto, aqui está um fato interessante: o texto pode ser traduzido da seguinte forma: "cujo nome é Zeloso [Ciumento]" *ou* "que é zeloso [ciumento] *por seu nome*".

Yahweh é ciumento por sua reputação. Na verdade, um dos temas centrais da Bíblia é as pessoas passarem a vê-lo como ele realmente é — e é aqui que entramos eu e você. Porque Yahweh está em um relacionamento conosco, há uma relação simbiótica entre o nome de Yahweh — sua reputação — e como nós, o povo de Deus, *vivemos*.

Porque o nome de Yahweh também é o *nosso* nome.

Ao longo das Escrituras, lemos que Israel é *chamado pelo nome de Yahweh*.[3] A ideia por trás da frase é que temos um relacionamento íntimo e familiar com o Criador, como um cônjuge ou um filho.

O sobrenome de solteira da minha esposa era Jauregui (pronuncia-se "Rau-ré-gui"), um nome conferido por seu avô, um conde basco da Espanha. (Infelizmente, ela não é rica, mas ainda assim é um sobrenome muito legal). No entanto, ao nos casarmos, minha mulher adotou o meu sobrenome: Tammy Comer — menos exótico, porém mais prático e fácil de se pronunciar. Agora, minha esposa é "chamada pelo meu nome". Não apenas compartilhamos o mesmo sobrenome, mas também nossos filhos, incluindo nossa filha adotiva: Sunday Comer.

Está entendendo meu ponto? Como povo de Deus, somos chamados pelo seu nome. No entanto, com esse incrível relacionamento que temos com Yahweh — um relacionamento semelhante ao de cônjuges e filhos —, temos uma responsabilidade esmagadora de refletirmos e imitarmos como Deus é para o mundo.

O que Yahweh deseja é um povo vivo, de carne e ossos, que exiba o seu nome, mostrando ao mundo como ele é — não apenas pelo que falamos, mas também pela forma como vivemos.

É isso que Yahweh busca: um povo que seja "piedoso", que seja como o Deus que adora.

Um povo que seja compassivo...

Um povo que seja misericordioso...

Um povo que seja paciente, tardio em irar-se...

Um povo que seja abundante em amor e fidelidade...

Um povo que vive na tensão entre misericórdia e justiça.

Não é algo extraordinário?

Então, para concluir, deixe-me dizer que foi um prazer fazer essa jornada com você.

Aqui está a minha palavra final: não tenha medo de escalar a montanha. Entre na fumaça e no fogo. Dedique sua vida à busca desse Deus terrivelmente bom.

Se você cair no caminho, arranhar os joelhos, retroceder um pouco, tudo bem. Tente novamente.

E lembre-se: em todo o lugar onde estiver, você carrega o nome.

Você não é apenas um barista, mas um exemplo vivo de como é Yahweh.

Você não é apenas um engenheiro de software ou um empreendedor em uma startup de tecnologia, mas um templo com pernas, uma casa de Deus.

Você não é apenas um estudante universitário ou uma bailarina profissional ou um pai/mãe em tempo integral, mas um intermediário entre o céu e a terra.

Assim, ao colocar este livro na estante e seguir com sua vida, lembre-se:

Você não está apenas descendo ao mercado para comprar o jantar; *você está carregando o nome.*

Você não está apenas passando no escritório para uma reunião; *você está carregando o nome.*

Você não está apenas indo ao parque levar seu cachorro para gastar um pouco de energia; *você está carregando o nome.*

Em todo lugar que você vai...

Em tudo que você faz...

Você é chamado pelo nome de Yahweh.

E esse é um nome realmente bom.

Uma lição prática: contemplação

O escritor Hwee Hwee Tan certa vez disse: "Você é o que sua mente vê. Você é o que contempla".[1]

Pense nisto: pessoas que passam horas todos os dias lendo notícias políticas repletas de ódio tendem a se tornar *raivosas*, politizadas e radicalizadas por ideologias, entre outras coisas.

Quem dedica seu tempo livre às redes sociais normalmente acaba distraído, ansioso, infeliz e cheio de inseguranças.

Quem passa noites assistindo a programas obscenos tende a se tornar lascivo, viciado e compulsivo.

Entretanto, pessoas que diariamente passam tempo olhando para *Deus* — o Deus da nuvem, do topo do Monte Sinai, encarnado como o Jesus do vilarejo de Nazaré — tendem a se tornar *compassivas, graciosas, tardias em irar-se,* abundantes em amor e tudo o mais.

Somos moldados por aquilo que contemplamos, seja por uma televisão ou pela Trindade — o que *significa* que o trajeto, a direção para nos tornarmos *semelhantes a* Deus, é olhar *para* Deus.

Na tradição da espiritualidade cristã, o ato de fixar os olhos em Deus de forma intencional e em oração é chamado de "contemplação". Esse termo vem da carta de Paulo aos Coríntios:

> E todos nós, que com a face descoberta contemplamos a glória do Senhor, segundo a sua imagem estamos sendo transformados com glória cada vez maior, a qual vem do Senhor, que é o Espírito.[2]

Em grego, a palavra traduzida por "contemplar" é κατοπτρίζω (*katoptrizó*). A imagem por trás da palavra é a de alguém que olha para um espelho. Um léxico a define como "ver como em um espelho, por reflexo", enquanto outro a traduz por "olhar fixamente para um espelho".

O que, exatamente, Paulo quer dizer?

Há duas interpretações possíveis.

Aqui está a primeira: "contemplar a glória do Senhor" é olhar de forma intensa ou profunda para a glória de Deus como se você olhasse para um espelho.

No Novo Testamento, "glória" não se refere à fama ou ao prestígio típico das celebridades de hoje, como quando um artista dá "glórias a Deus" ao receber um prêmio por uma música sobre sua aventura sexual de uma noite. A glória de Deus era sua *presença* e *bondade manifestadas em alguma forma física*, como na nuvem do monte Sinai, no Templo e, mais tarde, na pessoa de Jesus. Assim, a primeira interpretação do verbo "contemplar" seria voltar o olhar interior do coração para essa presença e bondade de Deus, que nos alcança em Cristo — mas *como em um espelho*. Espelhos antigos não eram transparentes como os de hoje; eram feitos de bronze ou metal polido e ofereciam uma imagem difusa e imprecisa, na melhor das hipóteses. Em outras palavras, não vemos Deus face a face, com clareza; em vez disso, "vemos apenas um reflexo obscuro",[3] como Paulo também escreve em outra passagem. Enxergamos uma espécie de reflexo ou refração de Deus.

A segunda interpretação do que significa "contemplar a glória do Senhor" é que *nós* somos o espelho. *Nós* refletimos e refratamos a glória de Deus *para os outros*, de forma imperfeita e "obscura", com muito da bondade de Deus sendo distorcido no processo. Ainda assim, somos uma expressão real, embora falha, da bondade de Deus para o mundo ao nosso redor.

Qual opção está correta?

Provavelmente *as duas*.

Outras traduções captam a natureza de "tanto uma coisa quanto a outra" da linguagem de Paulo:

> Portanto, todos nós, dos quais o véu foi removido, podemos *ver* e *refletir* a glória do Senhor, e o Senhor, que é o Espírito, nos transforma gradativamente à sua imagem gloriosa, deixando-nos cada vez mais parecidos com ele.[4]

Ou:

> Nada mais fica entre nós e Deus, nossa face brilha com o brilho de sua face. Somos transfigurados como o Messias, e nossa vida se torna cada vez mais deslumbrante e bela à medida que Deus entra em nossa vida e nos tornamos como ele.[5]

Paulo está afirmado que, ao contemplarmos a Deus, ao voltarmos a atenção e a afeição do coração para a beleza do *nome* de Deus — sua pessoa, sua essência —, somos "transformados" para nos tornarmos *semelhantes* ao Deus que contemplamos.

Concluí este livro com um apelo para que "levemos o nome" de Yahweh por onde formos — para que sejamos como o Deus que adoramos. No entanto, ao longo dos últimos sete anos, desde a primeira edição deste livro, tenho me tornado cada vez mais consciente das limitações de nossa força de vontade e de nossas boas intenções, mais atento à nossa incapacidade de transformação baseada apenas na intuição e profundamente intrigado com a pergunta: *como* nos tornamos semelhantes a Deus?

Apesar de meu anseio genuíno por ser como Yahweh, pego-me agindo constantemente de maneiras que não se parecem *em nada* com ele. Em vez de compassivo, posso ser severo ou crítico, recorrendo à vergonha das pessoas para manipular seu comportamento; em vez de gracioso, posso ser egoísta e voltado à autopreservação. Em vez de "tardio para [me] irar",[6] muitas vezes fico *rapidamente* irritado, transtornado e insuportável.

Sou o único propenso a essas coisas?

Como mudamos?

Como crescer e amadurecer para nos tornarmos pessoas compassivas, graciosas e genuinamente semelhantes ao nosso Deus?

Como transcender as limitações de nossa força de vontade, uma força incrivelmente subdesenvolvida, para vivermos e amarmos como Jesus?

Essa é a questão-chave da formação espiritual, o processo pelo qual *nosso eu interior* é formado para ser semelhante ao *eu interior* de *Deus*. Desde já, porém, faço a seguinte ressalva: a formação da alma é um mistério sagrado, um processo complexo e único para cada pessoa. No entanto, embora *não* exista uma fórmula simples a ser seguida para nos tornarmos semelhantes a Deus, podemos resumi-la a este ponto central básico: contemplação.

Foi assim que Deus *projetou* nossos cérebros para crescer e se desenvolver. Nossos cérebros são cheios de neurônios-espelho, os quais nos fazem incorporar os traços de *quem* ou de *qualquer coisa* que fixemos o olhar, para o bem ou para o mal.

Quando alguém sorri, o que você faz? Provavelmente sorri de volta. Se a pessoa boceja, você boceja; ela ri, você ri. O que acontece quando alguém olha feio para você? O medo ativa seu sistema límbico, fazendo com que você se encolha, se afaste instintivamente ou *retribua* o olhar na mesma intensidade.

É assim que o cérebro humano é programado, o que gera consequências significativas para a nossa formação espiritual.

Em seu livro *How God Changes Your Brain* [Como Deus muda seu cérebro], o neurocientista Andrew Newberg escreve:

> Se você contemplar Deus por tempo suficiente, algo surpreendente acontece no cérebro. O funcionamento neural começa a mudar [...] [temos] um sistema nervoso que participa ativamente de sua própria construção neural, algo que não vemos em cérebros de outros animais.[7]

Por "participa ativamente de sua própria construção neural", o autor se refere ao que cientistas denominam "neuroplasticidade" e ao que o apóstolo Paulo chama de "renovação da mente".[8] Trata-se de um princípio fundamental: aquilo a que dedicamos atenção tem, de fato, o poder de remodelar nosso cérebro.

Newberg escreve sobre uma parte do cérebro chamada de *córtex cingulado*, que fica entre o sistema límbico e o córtex pré-frontal. Quando estimulada pela contemplação de Deus, a região diminui nossos impulsos de raiva e medo e aumenta sentimentos de compaixão. Ou seja: ao contemplarmos o amor de Deus por nós, essa contemplação *literalmente remodela nosso cérebro* e nos torna indivíduos mais compassivos e amorosos.

Ao contemplarmos o amor de Deus, tornamo-nos mais amorosos. Ao contemplarmos sua natureza compassiva e graciosa, tornamo-nos mais compassivos, gentis, afetuosos e prestativos. Ao refletirmos profundamente sobre sua paciência, transformamo-nos em almas menos ansiosas e apressadas.

Como declarou o poeta Davi em Salmos 34: "Os que olham para ele estão radiantes de alegria". Ao contemplarmos a beleza de Deus, somos transformados em pessoas belas.

Ora, "contemplação" significa coisas diferentes para diferentes pensadores cristãos, variando conforme a época e o contexto na história da igreja. Em certos casos, trata-se de uma etapa específica da oração; em outros, de uma prática que envolve a respiração na tentativa de orarmos no silêncio que transcende as palavras. Apesar das variações, utilizo o termo "contemplação" no sentido mais amplo empregado por Paulo, isto é, como o ato de contemplarmos a natureza interior de Deus.

Há três movimentos básicos para a contemplação.

O primeiro é **olhar para Deus, o qual, por sua vez, já olha para você com amor.**

Na biografia de Jesus escrita por Marcos, lemos a história do Senhor interagindo com um jovem aristocrata, alguém que não estava disposto a abrir mão de sua riqueza e se tornar um de seus aprendizes. Em vez de franzir a testa, Jesus "olhou para ele e o amou".[9] Quando voltamos nosso olhar interior para Cristo, é isto que vemos: Jesus, que já está olhando *para nós* com amor, compaixão e boa vontade.

Mas, então, vem a pergunta: como "olhamos" para um Deus invisível? Afinal, está escrito: "Ninguém jamais viu a Deus".[10]

Se não consigo ver a Deus com os olhos físicos, como posso "olhar" para ele?

A esse respeito, considero útil um paradigma do intelectual medieval São Boaventura. Segundo ele, cada um de nós tem três pares de olhos:

- Os olhos do corpo, pelos quais vemos o mundo ao redor — montanhas, oceanos, pores do sol e beleza.
- Os olhos da mente, pelos quais vemos o mundo dentro de nós — verdade, ideias e conceitos.
- Os olhos do coração, pelos quais vemos a Deus — Pai, Filho e Espírito Santo.

Gerações anteriores chamavam esse ato de olharmos para Deus de forma silenciosa e amorosa de "contemplar". Contemplar é o que você faz diante de uma beleza estonteante. É olhar profundamente para um objeto e deixar que a admiração e o espanto brotem dentro de você. Você "contempla" grandes montanhas; "contempla" um carvalho antigo; "contempla" uma obra-prima artística.

"Contemplar" Deus é estar diante de sua beleza deslumbrante — sem palavras, sentindo-se pequeno, finito e transbordando de espanto, alegria e amor.

Essa é a nossa "verdadeira e devida adoração",[11] a *essência* da fé cristã. Como certa vez declarou A. W. Tozer:

> A fé não é um ato único, mas um *olhar contínuo do coração para o Deus Trino*. Crer, portanto, é direcionar a atenção do coração para Jesus. É elevar

a mente para "contemplar o Cordeiro de Deus" e nunca parar de contemplar, pelo resto da vida. No início pode ser difícil, mas a prática se torna mais fácil à medida que olhamos fixamente para a maravilhosa pessoa de Cristo, em silêncio e sem constrangimentos. Distrações podem atrapalhar; uma vez, porém, que o coração está comprometido com Jesus, após cada breve afastamento, a atenção retornará e pousará sobre ele, como um pássaro errante que retorna à sua janela.[12]

Entretanto, contemplar é mais do que voltar o olhar a um Deus que já o vê com amor.

Contemplar também é **se render ao amor de Deus**.

Um elemento essencial na prática da oração contemplativa é o desprendimento interior de nossa vontade, algo que o conselheiro espiritual Gerald May descreveu certa vez como a transição da "teimosia" para a "disposição".[13] Envolve deixar de lado nosso ego ganancioso, controlador e movido pela autopreservação para nos voltarmos a Deus com confiança, rendição, serenidade e amor.

O professor de formação espiritual Robert Mulholland definiu *contemplação* como "a prática de nos aquietarmos diante do Senhor, aprofundando-nos cada vez mais no íntimo de nosso ser, oferecendo-nos a Deus com um tipo de amor que é totalmente vulnerável".[14]

Soa menos como apego e mais como desapego.

Há um tipo de oração em que trabalhamos com Deus para *mudar* circunstâncias — por meio da petição e da intercessão —, e essa prática é boa e necessária. No entanto, há também um outro tipo de oração em que *não* trabalhamos para mudar circunstâncias, mas para *fazer as pazes* com elas.

Pense em Jesus no Getsêmani. O Senhor começa com a oração: "Pai, se queres, afasta de mim este cálice". Jesus tenta mudar as circunstâncias de sua vida, porém *termina* com a oração: "Contudo, não seja feita a minha vontade, mas a tua".[15]

É como simplesmente dizer: "Deus, aqui estou. Pertenço ao Senhor" — não como uma submissão relutante, mas como uma entrega ao amor.

Já o movimento final da contemplação é **descansar no amor de Deus**.

Reitero: algumas orações, como a intercessão, parecem um tipo de trabalho — porque *de fato* são. Quando intercedemos, colaboramos com Deus para trazer seu reino à nossa vida e ao mundo. Por essa razão, judeus ortodoxos proíbem a oração de intercessão no sábado, pois o sábado não é um dia para *mudarmos* circunstâncias, mas para *nos deleitarmos* nelas.

No entanto, a oração contemplativa se assemelha menos com um trabalho e mais com um descanso, ou seja, é como um sábado portátil que carregamos conosco durante toda a semana.

Na espiritualidade cristã clássica, a contemplação é o terceiro e último "estágio" da oração, e nesse paradigma ela é definida como uma "obra de graça". Por essa definição, não podemos "fazer" oração contemplativa; podemos apenas aquietar nossa mente e corpo e nos apresentar diante de Deus em amor e confiança, como uma criança que espera humildemente por um presente que jamais poderia comprar ou conquistar — como uma criança que espera apenas por pura graça.

Como Paulo disse aos Efésios:

> Oro para que, com as suas gloriosas riquezas, ele os fortaleça no íntimo do seu ser com poder, por meio do seu Espírito, para que Cristo habite no coração de vocês mediante a fé; e oro para que, estando arraigados e alicerçados em amor, vocês possam, juntamente com todos os santos, compreender a largura, o comprimento, a altura e a profundidade, e conhecer o amor de Cristo que excede todo conhecimento, para que vocês sejam cheios de toda a plenitude de Deus.[16]

A contemplação é crucial porque, via de regra, *não* nos tornamos mais amorosos lendo livros sobre o amor, ouvindo pregações sobre o amor ou até mesmo *tentando* ser amorosos, e sim *experimentando* o amor de outra pessoa. Se quisermos ser transformados em pessoas semelhantes a Deus — em uma palavra, transformados em pessoas "amorosas" —, precisamos *experimentar* a compaixão, a graça e o amor de Deus. A contemplação é um caminho direto para o coração do "Amor que ama", como Inácio de Loyola certa vez se referiu a Deus.[17]

Muitos de nós estamos completamente exaustos da vida no mundo moderno. O filósofo coreano Byung-Chul Han chamou o Ocidente de "a sociedade do esgotamento".[18]

Nesse tipo de sociedade, em que *tantos* de nós vivemos em um estado de fadiga crônica devido à nossa cultura voltada para o desempenho, o ato de simplesmente nos apoiarmos no amor que Deus tem por nós é um porto seguro para o que Jesus chamou de "descanso para as suas almas".[19]

Assim, para recapitular, os três movimentos da contemplação são:

1. Olhar para Deus, que já olha para você com amor.
2. Ceder ao amor de Deus.
3. Descansar no amor de Deus.

Com Deus, como sempre, tudo se resume ao amor.

Três portas para a contemplação

A contemplação não é apenas para monges, freiras e introvertidos. *Qualquer um* pode se tornar uma pessoa "contemplativa".

Mas isso não quer dizer que a prática seja fácil. Em nossa era de distrações, pode ser incrivelmente difícil desacelerar e aquietar o coração e a mente com o propósito de contemplarmos a Deus.

Como desaceleramos a fim de contemplá-lo?

Permita-me apresentar três portas para a contemplação, todas antigas e comprovadas e que têm sido utilizadas por discípulos de Jesus há muito tempo na busca de alcançar um nível mais profundo de comunhão com Deus.

1. Meditação

Muito antes da época moderna, quando cristãos ocidentais passaram a ficar receosos com o termo devido às suas conotações de espiritualidade oriental, a meditação era uma maneira profundamente hebraica de se olhar para Deus. Em Salmos 1, lemos: "Como é feliz aquele [...] [cuja] satisfação está na lei do Senhor, e nessa lei *medita* dia e noite. É como árvore plantada à beira de águas correntes: dá fruto no tempo certo e suas folhas não murcham."[20]

Lembre-se: o livro de Salmos foi escrito na aridez do deserto. A cena de uma árvore viçosa e luxuriante, dando frutos à beira de um riacho, era uma imagem impressionante. Essa é a vida da pessoa que medita "na lei do Senhor".

Ao contrário de outras formas de meditação, cujo foco está mais no *esvaziamento* da mente, a meditação hebraica consiste principalmente no *preenchimento* da mente com a beleza e a verdade de Deus.

Em Salmos 1, o objeto da meditação são as palavras e os mandamentos de Deus, conforme chegaram até nós pelas Escrituras. Desde os tempos antigos, as Escrituras têm sido o principal caminho para a meditação — ler e reler passagens, digeri-las lentamente com a mente e dedicar tempo à reflexão silenciosa de sua verdade.

As Escrituras, porém, não são o *único* caminho para a meditação. Muitas pessoas meditam no Senhor por meio da leitura de livros devocionais ou teológicos, preenchendo a mente com a grandeza de quem Deus é. Outra forma de meditação é pela contemplação da Criação — observando atentamente uma árvore, uma montanha ou um animal, procurando as "impressões digitais" de Deus, o artista por trás da arte. Esse tipo de meditação pode ser especialmente útil para quem tem um perfil mais cinestésico, alguém que prefere experiências físicas, como caminhar ao ar livre, em vez de ficar lendo livros em ambientes fechados.

Assim, somos "[transformados] pela renovação da [nossa] mente"[21] quando mergulhamos nosso pensamento e imaginação nas Escrituras; quando desfrutamos de um livro devocional, cuja leitura se assemelha mais a uma oração; quando nos assentamos em uma sala de aula para estudar teologia e aprofundar nossa compreensão dos caminhos de Deus; quando caminhamos por uma floresta, refletindo sobre a sabedoria por trás do *design* divino.

Pensamos os pensamentos de Cristo e, então, passamos a sentir seus sentimentos e a desejar seus desejos.

Por meio da meditação, fazemos a curadoria de nossa consciência para nos apropriarmos da "mente de Cristo".[22]

2. Lectio Divina

Há ainda outra maneira de lermos as Escrituras, a qual se assemelha menos a aprender e mais a ouvir. Os monges a chamavam de *lectio divina*, expressão latina cujo significado é "leitura espiritual". Trata-se de ler as Escrituras de maneira lenta e em oração, abrindo espaço para que Deus fale conosco. Em oração, mantemo-nos abertos para uma mensagem divina que não podemos gerar por nós mesmos.

A *lectio divina* começa onde a simples meditação termina. Não se trata apenas de refletir sobre as Escrituras, mas de ouvir o Espírito de Deus em cada passagem. Ao ler com cuidado, prestando atenção a cada palavra e frase, colocamos gentilmente cada passagem diante de Deus e nos sintonizamos com sua voz sutil em nosso coração. Muitas vezes, uma palavra, frase ou ideia do texto nos tocará de emocionalmente, chamará nossa atenção de forma incomum ou ressoará de modo tão profundo que palavras são incapazes de explicar.

Na *lectio* clássica, há quatro movimentos:

1. Leia (*lectio*) a passagem lentamente e preste atenção especial a quaisquer palavras ou frases que pareçam se destacar para você ou que o toquem emocionalmente de alguma forma.
2. Reflita (*meditatio*) ao reler a passagem, desta vez demorando-se nas palavras ou frases que lhe pareçam relevantes, circulando-as de forma lenta em sua mente, pensando sobre o que Deus pode estar lhe dizendo.
3. Responda (*oratio*) a essas impressões pela oração, expressando-as a Deus.
4. Descanse (contemplatio) na palavra amorosa de Deus para você.

Imagine, por exemplo, que você escolhe meditar na passagem de Êxodo 34. Ao lê-la com calma, talvez um leve brilho desperte em seu coração ao se deparar com a expressão "tardio em irar-se", como se uma suave convicção lhe trouxesse à memória uma interação recente com algum amigo ou familiar. A seguir, você relê o trecho ainda mais devagar, abrindo espaço para que Deus preencha os contornos de sua imaginação com impressões e com um suave direcionamento para a sua vida. O próximo passo natural é transformar essa experiência em oração, clamando por graça e misericórdia para mudar. Por último, você descansa tranquilamente no amor e na compaixão de Deus, exatamente na condição em que se encontra.

Essa leitura se difere muito da que fazemos quando estudamos a Bíblia. No estudo da Bíblia, que é útil e necessário, perguntamos: "O que este texto significava para os ouvintes da época e como o aplicamos a nós hoje?". Na *lectio*, perguntamos: "Como Deus vem a mim por meio deste texto? O que o próprio Deus está falando ao meu coração pelo Espírito Santo?".

Para evitar ambiguidades, esclareço que *não* pedimos um "novo" significado para o texto, e sim perguntamos: "Que aspecto do significado *original* Deus quer imprimir em meu coração?".

Estamos ouvindo a voz de Deus.

E ouvir a voz de Deus é a prática fundamental de um aprendiz de Jesus. Em Lucas 10, Maria sentou-se aos pés do Senhor, ouvindo o que ele dizia; desde então, todo seguidor sério de Jesus considera a atitude de Maria de sentar-se e ouvir como a postura básica de um verdadeiro cristão.

Na *lectio*, tornamo-nos como o leitor bíblico ideal de Salmos 1 ou como o discípulo ideal de Jesus, em Lucas 10: sentamo-nos silenciosamente aos pés do Senhor e o ouvimos.

3. Oração imaginativa

Muitas pessoas são incrivelmente céticas quanto ao uso da imaginação na oração, considerando-a duvidosa ou até arriscada. Contudo, a imaginação está no cerne do que significa ser humano; pode-se dizer que ela é a principal característica que nos distingue dos animais. Nossa capacidade de visualizar o que os olhos não conseguem ver é a base de toda a civilização humana. Tudo o que criamos — da arte e arquitetura à filosofia, política e ciência — vem de nossa imaginação.

Muitas vezes, um pensamento surge em nossa mente e sentimos que pode vir de Deus, mas logo o descartamos, dizendo: "É apenas minha imaginação; Deus não está falando comigo." No entanto, *onde mais* um Deus imaterial falaria conosco, senão em nossa imaginação?

Em vez de temer nossa imaginação, a tradição contemplativa nos convida a aproveitá-la como um caminho para Deus. É claro que devemos acatá-la com um espírito de discernimento, testando todos os pensamentos com as Escrituras e em comunidade. Ainda assim, a imaginação pode liberar partes profundas de nosso mundo emocional para a presença e a glória de Deus.

Repare na quantidade de símbolos, metáforas, figuras de linguagem e histórias que se encontram nas Escrituras.

Por quê? Porque imagens evocam *sentimentos* de uma forma que meras ideias e pensamentos lineares não conseguem, sentimentos que destravam partes aprisionadas de nós mesmos e as abrem para a emancipação de Deus.

Costumo começar minha oração matinal fechando os olhos e trazendo à mente uma lembrança vívida de uma viagem que fiz à Cidade do Cabo, na África do Sul. Todas as manhãs, acordava com uma neblina costeira derramando-se sobre a encosta da Montanha da Mesa, no momento em que o nascer do sol perfurava a neblina com raios de luz, criando um quadro impressionante de beleza. De muitas maneiras, essa imagem me parece simbólica da natureza e da presença de Deus, o qual, manhã após manhã, derrama sua luz e seu amor em meu coração. É comum que eu traga essa imagem à mente para concentrar as profundezas do meu ser em Deus, que me olha com amor.

Você pode *escolher* uma imagem como porta de entrada, seja de sua imaginação ou da lembrança de uma época em que se sentiu profundamente consciente da presença e do amor de Deus. Ou pode simplesmente esperar em Deus e deixá-lo preencher sua mente com imagens vindas de seu Espírito.

A chave é abrir nossa imaginação para Deus e seguir a orientação do Espírito para a contemplação.

Temos, então, três portas para a contemplação: meditação, *lectio divina* e oração imaginativa.

Talvez você se identifique mais com uma abordagem do que com outra, dependendo de seu temperamento e personalidade; talvez perceba que as três se harmonizam de forma natural e o levam cada vez mais para perto de Deus.

De qualquer forma, à medida que você progredir no treinamento de sua mente para a contemplação profunda de Deus — com prática e graça ao longo do tempo —, perceberá que os momentos preciosos e tocantes em que se percebe "olhando" para Deus, e o encontra já fitando você, tornam-se os mais serenos e alegres do seu dia. São como fragmentos de eternidade dentro do tempo, momentos que curam, libertam e transformam a vida.

Nos tornamos semelhantes ao que contemplamos.

Agradecimentos

A Gerry (também conhecido como Dr. Breshears), por me apresentar a Êxodo 34:6-7 como possivelmente "a passagem mais citada *na* Bíblia, *pela* própria Bíblia", por ler meus ensinamentos *toda* semana, respondendo à minha interminável bateria de ligações com perguntas aleatórias sobre teologia e, de modo geral, sendo meu pastor e amigo.

Ao Dr. Tim Mackie — o único Ph.D. que conheço que vai de skate para o trabalho —, por aquele dia no escritório, desenhando em um quadro branco e me fornecendo páginas e mais páginas de material para este livro; e por ser brilhante e gentil.

À Lauri Root, por me dar as chaves de sua adorável casa de hóspedes em Balboa Island. Os melhores capítulos deste livro foram escritos ao sol, em sua varanda superior — não é de surpreender! Em março, a Califórnia é o paraíso na terra para um morador de Portland. Sou muito grato.

A Andrew Stoddard, editor extraordinário, e à excelente equipe da Nelson Books, que tornou possível esta segunda edição. Andrew, por favor, me mande mais mensagens com novas recomendações de músicas...

E, acima de tudo, a Yahweh, por ser melhor — e mais gentil — do que eu poderia imaginar.

Sobre o autor

John Mark Comer é autor best-seller do *New York Times* dos livros *The Ruthless Elimination of Hurry*, *Live No Lies*, *Practicing the Way* e de outros títulos anteriores. Ele também é o fundador e professor da Practicing the Way, uma organização que busca uma forma simples e bonita de integrar a formação espiritual à vida pessoal e comunitária. Antes de iniciar o *Practicing the Way*, passou quase vinte anos pastoreando a Bridgetown Church em Portland, Oregon, e vivendo na prática o discipulado a Jesus no Ocidente pós-cristão. Mais importante que tudo, é marido de Tammy e pai de Jude, Moses e Sunday.

Notas

Prólogo

1. Em sua defesa, ele tem nove anos de idade, e *Guerra Mundial Z* está bombando em sua escola elementar. E não, pais, não deixamos nossos filhos assistirem filmes de zumbi. Ainda não.
2. Página de abertura de *The Knowledge of the Holy* (1961; reimp. São Francisco, HarperSanFrancisco, 1975).
3. A citação se encontra na mesma página do livro de Tozer.
4. A fonte dessa citação é disputada. O filósofo suíço Jean-Jacques Rousseau é o mais provável, mas Mark Twain geralmente leva o crédito.
5. Citação de Gênesis 3:5. Uma vez que você supera a ideia de uma serpente falante, trata-se de uma das histórias acerca da condição humana mais perspicazes jamais escritas.
6. O artista em questão é Chris Martin, do *Coldplay*. Leia o artigo sobre a espiritualidade do cantor (Coldplay's Quiet Storm" by Austin Scaggs) em www.rollingstone.com/music/news/coldplays-quiet-storm-20050825.
* Nas bíblias em língua inglesa, o livro de Apocalipse recebe o nome de "Revelation" (revelação) [N.T.].
7. Se você quer saber mais sobre a história de Deus — em *Gênesis e Êxodo* — junte-se ao bibleproject.com e assista aos vídeos do Dr. Tim Mackie acerca desses livros nas séries "Torah" e "Read the Scripture: Old Testament". Um dos melhores materiais que eu já vi.
8. Êxodo 33:11.
9. Êxodo 33:18.
10. Raymond Ortlund Jr. disse: "A glória do Senhor [...] é o próprio Deus se tornando visível, Deus trazendo sua presença até nós, Deus demonstrando sua beleza diante de nós". A citação é de *Isaiah: God Saves Sinners* (Wheaton, IL: Crossway, 2005), 237.

A ideia é muito diferente do uso que fazemos hoje da palavra "glória", que geralmente significa "fama" ou "crédito".
11. Êxodo 33:20. A história inteira se encontra em Êxodo 33-44.
12. Êxodo 33:19.
13. Êxodo 34:5-7.
14. O erudito do Antigo Testamento W. Ross Blackburn escreve: "É difícil superestimar a importância destes versículos. Eles são a mais longa e completa descrição do caráter do Senhor encontrado nas Escrituras, e [...] posteriormente, as Escrituras retornarão com frequência a essa descrição" (*The God Who Makes Himself Known: The Missionary Heart of the Book of Exodus* [Downers Grove, IL: InterVarsity, 2012], 153).
15. A primeira vez que ouvi essa informação foi com o Dr. Gerry Breshears, do Western Seminary. Ele, por sua vez, a obteve do Dr. John Sailhamer, o lendário erudito do AT. O Dr. Tim Mackie o chama de "o João 3:16 da bíblia hebraica". Eis aqui uma pequena lista de textos que citam essa passagem: Números 14:18; Salmos 86:15; 103:8; 111:4; 112:4; 145:8; Jeremias 32:18; Joel 2:13; Jonas 4:2; Naum 1:3; Neemias 9:17, 31; 2 Crônicas 30:9. No entanto, o que é muito mais difícil de se quantificar são as alusões feitas à passagem; seria impossível listá-las em notas de fim. Por exemplo: "amor e fidelidade" — expressão primeiramente usada no texto que estamos estudando — é empregada centenas de vezes na Bíblia.
16. Este não é um livro sobre os *omnis*, nem é uma abordagem teológica sistemática de Deus. Existem muitos livros excelentes por aí que abordam Deus dessa maneira. *The Knowledge of the Holy*, de A. W. Tozer, e *Knowing God*, de J. I. Packer, são ótimos exemplos. O problema é que todos os *omnis* derivam de uma leitura bíblica influenciada pela filosofia grega ocidental. O método escolástico envolve a negação: observar o que é considerado bom ou mau (como emoções ou mudanças) e depois afirmar que Deus não tem atributos negativos, tornando-o, assim, o contrário. Só que essas são categorias totalmente ocidentais, não categorias hebraicas. Mais uma vez, porém, este não é um livro sobre isso, mas sobre o lado relacional de Deus.

17. O *Talmud* babilônico (comentário antigo sobre a Torá) diz que há 13 itens na lista, mas não há concordância na tradição judaica sobre quais são, exatamente, esses treze itens. Geralmente, incluem os parágrafos seguintes da passagem de Êxodo e adicionam "zeloso" ou "ciumento" à lista.
18. Êxodo 3:14.
19. Êxodo 33:18.

Capítulo 1: Yahweh

1. Michael Knowles, *The Unfolding Mystery of the Divine Name: The God of Sinai in Our Midst* (Downers Grove, IL: IVP Academic, 2012), p. 27.
2. Gênesis 17:5-6.
3. Gênesis 32:26.
4. Êxodo 33:19, grifo do autor.
5. O cristianismo, o judaísmo e a religião islâmica.
6. Gênesis 17:1.
7. Gênesis 14:18-19,22.
8. Gênesis 21:33.
9. Êxodo 3:6
10. Cf. Êxodo 3:13.
11. Cf. o comentário do Dr. Walter Kaiser sobre a passagem na porção de *Êxodo* do *The Expositor's Commentary*, vol. 2 (Grand Rapids: Zondervan, 2008), p. 370-1, 373.
12. Êxodo 3:15.
13. A raiz de uma palavra é justamente isto: a raiz a partir da qual outras palavras se baseiam. Assim, "amor" é a raiz da palavra para "amável", "amado" etc.
14. Êxodo 20:7.
* No original: "Think Klingon, you Trekkies". Para quem não está familiarizado com a referência cultural feita pelo autor, podemos comparar os sons guturais do hebraico aos sons do "r" chiado no sotaque carioca. [N.T.].
15. Êxodo 3:15.
16. A citação é de um dos meus livros favoritos: *The Pursuit of God*, de A.W. Tozer (Camp Hill, PA: Christian Publications, 1993), p. 17.
17. Êxodo 6:2-3.
18. Na teologia, isso se chama "revelação progressiva".
19. Retornamos outra vez a Êxodo 34:5-7.
20. João 1:14.
21. João 17:6,26.
22. João 17:6, A Mensagem.
23. Muitas pessoas que leem a Bíblia pela primeira vez ficam desencorajadas quando se deparam com a linguagem de "Pai" e "ele" como referência a Deus. Por que não "Mãe"

ou "ela"? Para esclarecer, as declarações não dizem respeito ao gênero de Deus, mas à sua natureza.

24. Para uma grande leitura sobre como o evangelho é mais do que "ir para o céu depois da morte", recomendo o livro *Surprised by Hope*, de N. T. Wright (San Francisco: HarperSanFrancisco, 2007) ou o meu último livro, *Garden City* (Grand Rapids: Zondervan, 2015).

25. Êxodo 33:11.

26. Esta é, claro, minha horrível paráfrase de Êxodo 33:12-23.

27. O Dr. Breshears costumava citar esse texto o tempo todo durante as aulas quando eu fazia seminário. Deixava-nos desconfortáveis, no bom sentido. Se você quiser saber mais, mande um e-mail para Gerry.

28. Essa história fascinante é de Êxodo 32. A citação é do v. 14. (Tradução literal)

29. Jr 18:7-10, grifo do autor.

30. Barth fala isso em seu livro *The Doctrine of God*: Part 1, vol. 2 de *Church Dogmatics* (Edimburgo: T&T Clark, 1957), 496.

31. Ainda não acredita? Leia Amós 7:1-6.

32. Para esclarecer, não sou calvinista, mas essa visão de Deus é compatível com a teologia calvinista. O estudioso Bruce A. Ware tem um ótimo artigo sobre essa ideia de como Deus *naham*. Ele esclarece a diferença entre a "imutabilidade ontológica e ética" de Deus e sua "mutabilidade emocional e relacional". O artigo aparece no *Journal of the Evangelical Theological Society* (dezembro de 1986) e é intitulado "An Evangelical Reformulation of the Doctrine of the Immutability of God": https://etsjets.org/wp-content/uploads/2010/08/files_JETS-PDFs_29_29-4_29-4-pp431-446_JETS.pdf

33. João 17:26, grifo do autor.

34. Citação de Dallas Willard, *A Conspiração Divina: Redescobrindo nossa Vida Oculta em Deus* (Rio de Janeiro: Thomas Nelson Brasil), 2021.

35. Tiago 5:16.

36. É justo dizer que Skye editou este livro para mim, e esse foi um comentário que ele me mandou por e-mail ao sugerir melhorias ao capítulo. Achei a citação muito boa, então a coloquei no livro! Quer dizer, roubei...

37. Larry Hurtado, um homem brilhante. Seu livro acadêmico sobre o assunto é *Lord Jesus Christ* (Grand Rapids: Eerdmans, 2003). A citação é de seu livro *At the Origins of Christian Worship* (Grand Rapids: Eerdmans, 2000), p. 107.

Capítulo 2: Yahweh (parte 2)

1. Embora a maioria dos hindus não pratique sacrifício animal, muitos ainda o fazem.
2. O conhecido erudito hindu Pandurang Vaman Kane diz o seguinte a respeito do karma nos textos Darmaxastra: "Uma boa ação tem a sua recompensa, e uma má ação leva à retribuição. Se a má ação não trouxer más consequências nesta vida, a alma começará outra existência e, neste novo ambiente, passará por sofrimentos por seus feitos passados". A citação está no artigo sobre "Darmaxastra" no *World Heritage Encyclopedia*: www.worldlibrary.org/articles/dharmasastra.
3. É claro que a Índia está se movendo na direção certa com leis para proteger o Dalit de discriminação, mas tradições antigas não morrem com facilidade.
4. Caso queira saber mais, ou até mesmo fazer uma visita, faça uma busca em: hearthecry.org ou em indiahappyhome.org.
5. Marcos 1:15.
6. Honestamente, há inúmeras teorias sobre o porquê de o seu nome ser repetido, e ninguém sabe ao certo. O mais provável é de que o motivo tem que ver com sua intenção de estar em um relacionamento com Israel. De qualquer forma, Deus está enfatizando a ideia de seu nome.
7. Isso é mais verdadeiro sobre o Antigo Testamento, em que ele é normalmente chamado de "o Senhor Deus". No Novo Testamento, que foi escrito em grego, a situação muda um pouco.
8. De fato, *elohim* pode ser traduzido no singular ou no plural, dependendo do contexto. Então, quando você lê "Deus" ou "os deuses", está na verdade lendo uma tradução da mesma palavra hebraica. Em Gênesis 1:1, sabemos que "Deus" é a tradução certa porque o verbo "criar" é singular; além do mais,

no hebraico, sujeito e verbo sempre concordam.

9. Obviamente, não temos como saber quando Gênesis 1 foi escrito, muito menos quando aconteceram as coisas registradas no capítulo. Provavelmente, a história já circulava há séculos como tradição oral antes que Moisés (ou seja lá quem for) o escrevesse.

10. Êxodo 12:12.

11. Há um grande artigo por Ziony Zevit no *Bible Review* (junho de 1990) chamado "Exodus in the Bible and the Egyptian Plagues". Você pode encontrá-lo em www.biblicalarchaeology.org/daily/biblical-topics/exodus/exodus-in-the-bible-and-the-egyptian-plagues.

12. Isso está em Êxodo 10:21-29. Tecnicamente, é a antepenúltima praga. A última é a morte dos primogênitos. Mas isso diz respeito a faraó — que também é visto como deus em carne humana.

13. Números 33:4.

14. Este seria Jetro, o sogro de Moisés, em Êxodo 18:11.

15. Êxodo 15:11. Leia o poema inteiro, especialmente os primeiros versículos. É fascinante.

16. Salmos 86:8; 96:4; 97:7, 9. Grifos do autor em todos os exemplos.

17. Êxodo 20:3. A frase "além de mim" também pode ser traduzida por "acima de mim" ou "perante mim".

18. É o que eu penso, honestamente. Esforço-me para ler o Antigo Testamento em seu contexto do antigo Oriente Próximo. Pode ser que Deus apenas esteja falando a Israel em uma linguagem que eles podem entender, acomodando sua cosmovisão incorreta dos muitos "deuses" e dando-lhes tempo para se adequar à ideia de um único Deus. Mas eu penso que não. Penso que haja certa verdade na cosmovisão israelita que continua no Novo Testamento. Seja você mesmo o árbitro dessas coisas.

19. A história é contada em Êxodo 7—12.

20. Deuteronômio 6:4.

21. 1Reis 11:1-2,4, grifo do autor.

22. 1Reis 11:5,7.

23. Daniel 10:13.

24. Daniel 10:20.

25. Aqui está uma lista trágica: http://en.wikipedia.org/wiki/List_of_shootings_in_Colorado.

26. cf. também 1Reis 22:19-23; Amós 7:1-9; Jó 1-2;

Salmos 29:1; 82:6; 89:7; Jeremias 23:16-22.
27. Cf. ESV e NRSV.
28. Salmos 89:5-8 é outro exemplo. Leia-o; é uma loucura.
29. A citação é do livro de Aaron Chalmer *Interpreting the Prophets* (Downers Grove, IL: InterVarsity, 2015), 12.
30. Salmos 82:2-4.
31. Para ficar claro, existe uma interpretação alternativa e legítima para aquela que forneço. Há um lugar, em Êxodo 22:7-9, em que quase todas as traduções trazem *elohim* como "juízes", e juízes humanos parecem estar em vista. Esse poderia ser o significado aqui, mas realmente não penso assim, porque a linguagem do conselho divino não faz sentido. Além disso, Jesus cita o Salmo 82:6 em João 10:34. É também uma passagem notoriamente difícil de se interpretar, mas, a meu ver, ler os *elohim* como juízes humanos parece tornar absurdo todo o argumento de Jesus; essa interpretação afasta Jesus de suas afirmações de ser a personificação de Deus. Parece muito mais provável que Jesus esteja citando o Salmo 82 — um poema bem conhecido sobre os "deuses" —, usando-o para reforçar seu argumento: se esses seres espirituais podres são chamados de "deuses", por que é tão impensável que o próprio Jesus fosse chamado de "Filho de Deus"? Acho que Jesus tenta ajudar seus críticos a verem a beleza do Deus que vem ao mundo como um ser humano.
32. Salmos 82:6-7.
33. Esse seria o lendário Dr. Gerry Breshears.
34. Isaías 45:5, grifo do autor.
35. Prefiro a tradução da Bíblia New English Translation (NET): "Eu sou o Senhor, e não tenho nenhum companheiro; não há outro Deus além de mim" (Tradução livre).
36. 1Coríntios 8:5, grifo do autor.
37. Em Deuteronômio 32:12 (que, a propósito, é uma passagem fascinante sobre como as nações foram entregues aos "deuses") e Salmos 106:37.
38. A não ser que você conte os querubins de Isaías 6; mas eles definitivamente não são suecos!
39. Sou grato pelo *Rogue One*, que, segundo desejo registrar, é o melhor filme da franquia *Guerra nas Estrelas*.
40. 1João 3:8, grifo do autor.

41. Atos 10:38, grifo do autor.
42. Marcos 1:39, grifo do autor.
43. Colossenses 2:15.
* Alusão a uma prática de jogadores de futebol americano. No futebol americano, a "zona final" é a área onde os *touchdowns* são marcados, onde os jogadores costumam realizar uma "dança da vitória" para comemorar seu sucesso.
44. Para um grande livro sobre a natureza multifacetada da expiação, leia *The Cross of Christ*, por John Stott (Downers Grove, IL: InterVarsity, 1986). E se você quiser saber mais sobre o tema de Christus Victor, comece pelo trabalho de Greg Boyd no livro *The Nature of the Atonement: Four Views*, ed. James K. Beilby e Paul R. Eddy (Downers Grove, IL: InterVarsity, 2006). Pois é, John Stott e Greg Boyd na mesma frase... creio que eles teriam se dado bem.
45. Existem, claro, vários tipos de "universalismo". Há formas antigas de universalismo que veem a salvação para todas as pessoas, mesmo aquelas que não seguem Jesus. Essa não é uma ideia nova — mas a ideia de "todos os caminhos [leia-se, religiões] levam a Deus" é relativamente nova.
46. Efésios 3:10.
47. Cf. e.g. 1Coríntios 1:3; Gálatas 1:3; Efésios 1:2; Filipenses 1:2.
48. O livro de Jó é o que mais se aproxima, mas, na verdade, trata mais da justiça de Deus do que do problema do mal. Quando você lê o Novo Testamento, nenhum dos autores está lutando com o problema do mal.
49. Mateus 6:10.
50. Se você quiser saber mais sobre minha opinião sobre esse assunto espinhoso, sinta-se à vontade para ouvir uma série que fiz sobre o problema do mal: http://bridgetown.church/teaching.
51. Greg Boyd, em *God at War* (Downers Grove, IL: InterVarsity, 1997), p. 129, grifo do autor. Esse é um dos melhores livros que já li. Mesmo que você odeie o assunto do teísmo aberto, ainda é uma leitura muito útil. Para esclarecer, não sou um teísta aberto, mas penso que a versão moderada que Boyd defende tem grandes coisas a dizer e precisa de ser ouvida de forma justa, mesmo que basicamente mastigue a carne e cuspa os ossos.
52. Para obter mais informações sobre como o

secularismo criou o problema do mal em sua forma atual, leia *Walking With God through Pain and Suffering*, de Tim Keller (Nova Iorque: Dutton, 2013). Ele faz um excelente trabalho ao apontar o terramoto de Lisboa de 1755 como o ponto de viragem no pensamento ocidental sobre o mal.

53. 1Coríntios 10:14.

54. 1João 5:21. Trata-se de uma das últimas coisas que João escreveu como um homem idoso — sua advertência final para a igreja.

55. Extraído do livro *Counterfeit Gods*, de Tim Keller (Nova Iorque: Dutton, 2009), p. xix, 155. Sou um grande fã de Keller, mesmo discordando nesse ponto.

56. 1Co 10:19-20, grifo do autor.

57. N.T. Wright, *Evil and the Justice of God* (Downers Grove, IL: InterVarsity, 2011), p. 112.

58. A citação é na verdade uma paráfrase do poeta francês Charles Baudelaire; pode ser encontrada no clássico filme de 1995, *Os Suspeitos*.

59. Seu discurso de formatura foi colocado em um pequeno livro chamado *This Is Water* (Nova Iorque: Little, Brown, 2009). É uma leitura de quinze minutos, e simplesmente fantástica.

Capítulo 3: Compassivo e misericordioso

1. As datas variam, mas provavelmente entre 1260 e 1240 a.C. — ou seja, algumas centenas de anos após o Êxodo.

2. Algumas versões dizem que foi por causa dos jovens que estavam prestes a morrer em batalha (cf. a peça Agamenon, de Ésquilo); outras, porque *Agamenon* matou um animal sagrado para Ártemis e se gabou de ser igual a ela na caça (cf. Electra, de Sófocles).

3. Para um exemplo bíblico fascinante (e perturbador) disso, leia 2Reis 3:26-27. A história é vaga, mas parece conectar o sacrifício de seu filho primogênito pelo rei de Moabe a uma divindade sem nome com a vitória de Moabe sobre Israel.

4. Observe que, em hebraico, a palavra *hanun* está associada a ela; essa é a conjunção "e".

5. A ESV traz "misericordioso" em Êxodo 34:6.

6. 1Reis 3:26.

7. Isaías 49:15, grifo do autor.

8. Salmos 103:8, grifo do autor.

9. Êxodo 22:26–27 (grifo do autor), mas tive de misturar duas traduções. Todas, exceto a última palavra, são da NVI,

mas substituí "gracioso" (da NASB) em vez de "compassivo". É um pouco confuso, porque *hanun* também é frequentemente traduzido como "compassivo". Daí minha tradução vira-lata.
10. 2Reis 13:22-23, grifo do autor.
11. Salmos 86:15-16, mas, mais uma vez, misturo as traduções: O versículo 15 é da NIV, enquanto o versículo 16, da ESV.
12. Esta citação "maravilhosa" é de Assurnasirpal II.
13. Esta e as duas citações anteriores são encontradas em *Ancient Records of Assyria and Babylon*, de Daniel David Luckenbill, 2 vols. (Chicago: University of Chicago Press, 1926), 1:213, 1:146, 2:319.
14. Jonas 1:3.
15. Que, a propósito, é um lugar real, em Mali.
16. Para céticos como eu, que têm muita dificuldade com a história do "peixe grande", há boas razões para acreditarmos que *Jonas* não é uma autobiografia: é predominantemente uma ficção histórica. Jonas foi um personagem real, bem como a Assíria; no entanto, Jonas é o único livro profético da Bíblia que não começa com um marcador para sua data (geralmente, eles começam dizendo o ano do rei). Além disso, está repleto de linguagem hiperbólica. Meu professor de hebraico chamou-o de "uma antiga história em quadrinhos judaica". Pessoalmente, pendo para essa perspectiva, mas, para mim, tanto uma quanto a outra é válida.
17. Jonas 3:4.
18. Jonas 3:10.
19. Reitero: "mudou de ideia" é uma frase em português, não em hebraico, e você pode facilmente ter uma ideia errada. Não estou questionando a onisciência de Yahweh ou dizendo que ele limitou seu conhecimento. Pelo contrário: parece que ele mudou a sua atitude ou relacionamento para com Nínive. Mais uma vez, veja a explicação detalhada de Bruce Ware: www.etsjets.org/files/JETS-PDFs/29/29-4/29-4-pp431-446_JETS.pdf.
20. Jonas 4:2-3, grifo do autor.
21. Citação do sermão do monte, em Mateus 5:43-44.
22. Mateus 5:45.
23. O Novo Testamento foi escrito em grego, não em hebraico. Portanto, descobrir quando os escritores estão citando Êxodo 34 pode ser

um pouco complicado. Meu método, então, foi este: algumas centenas de anos antes de Jesus, a Bíblia hebraica foi traduzida para o grego em uma versão chamada Septuaginta. Era a Bíblia popular da época de Jesus e foi usada por todos os autores do Novo Testamento para citar o Antigo. Assim, usei apenas a tradução de Êxodo 34 da Septuaginta como base.

24. Lucas 17:13, grifo do autor. Os tradutores da Septuaginta traduziram o "compassivo e gracioso" de Êxodo 34:6 como *eleos*, palavra que emprego aqui.

25. Lucas 18:38, grifo do autor.

26. Mateus 17:15, grifo do autor.

* O autor se refere a Fred Rogers, comumente conhecido como "Mr. Rogers", o apresentador do antigo programa de televisão infantil "Mister Rogers' Neighborhood" [A vizinhança do Sr. Rogers]. Rogers ficou famoso por seu comportamento amigável, por sua gentileza e atitude consistentemente positiva. Ele se tornou uma figura icônica na cultura americana, frequentemente associada à amizade, à simpatia e a uma presença calma e carinhosa. (Cf. o filme *Um Lindo Dia na Vizinhança*, em que Fred Rogers é interpretado por Tom Hanks).

27. A história é contada em Lucas 15:11-32.

28. Lucas 15:13.

29. Lucas 15:20, grifo do autor.

30. Mateus 5:44-45, grifo do autor.

31. Lucas 6:36.

32. Romanos 12:6,8.

33. Hebreus 4:16, grifo do autor.

Capítulo 4: Paciente

1. Na área acadêmica, os termos corretos são "equivalência formal" e "equivalência dinâmica". A equivalência formal trabalha mais para imitar o texto exato do texto original, enquanto a equivalência dinâmica pensa que a melhor maneira de se traduzir é alterando o texto para melhor transmitir o pensamento original. Não se trata de uma tradução melhor/pior, e sim de um genuíno desacordo filosófico. Por exemplo: se você quisesse traduzir *Cuántos años tienes usted?* do espanhol para o inglês, uma tradução de equivalência formal seria: "How many years have you?", mas uma tradução de equivalência dinâmica seria "How old

are you?". Qual é a "melhor" tradução? Difícil dizer. Portanto, o debate continua...
2. Provérbios 14:29. A NVI traduz *erek apayim* por "paciente".
3. Provérbios 16:32.
4. Citação do *Targum Neofiti 1: Êxodo* (Collegeville, MN: Liturgical Press, 1994), p. 138.
5. Salmos 7:11-12, grifo do autor.
6. Habacuque 3:2, grifo do autor.
7. Salmos 5:5-6, grifo do autor.
8. Salmos 11:5, grifo do autor.
9. Citação do livro extraordinário de John Stott, The Cross of Christ, ed. comentada. De 20 anos (Downers Grove, IL: InterVarsity, 2012), p. 171.
10. Encontrado em Cornelius Plantinga Jr., *Not the Way It's Supposed to Be* (Grand Rapids: Eerdmans, 1996), p. 58.
11. Êxodo 21:24.
12. Do filme *Busca Implacável* (2008).
13. Naum 1:2-3, grifo do autor.
14. Aqui estão três exemplos em que a frase ou conceito é usado: Gênesis 15:16; Mateus 23:32; 1Tessalonicenses 2:16.
15. Apenas alguns anos depois, em 612 a.C.
16. Ele o escreve em "A Contribution to the Critique of Hegel's Philosophy of Right", um ensaio no *Deutsch-Französische Jahrbücher*, em 1844.
17. Encontrado em seu ensaio intitulado "The Discreet Charm of Nihilism", na *New York Review of Books*, 19 de novembro de 1998.
18. 2Samuel 6:7.
19. O segundo discurso inaugural é encontrado em: http://avalon.law.yale.edu/19th_century/lincoln2.asp.
20. Leia-o em Romanos 1:24,26,28, grifo do autor.
21. Isto não é verdade para aqueles que amam e seguem Jesus, no Espírito. Seus desejos mais profundos vêm do Espírito. Estou falando de pessoas cujos corações estão fora de sincronia com os de Yahweh.
22. Como disse Jó: "Por que os ímpios vivem, chegam à velhice e crescem em poder?" (Jó 21:7, ESV).
23. Salmos 6:3 e 13:1, por exemplo.
24. Encontrado em uma entrevista do *U.S. News & World Report* ("Humankind: Wisdom, Philosophy, and Other Musings", p. 86), 27 de outubro de 1986.
25. Marcos 1:15.

26. Para um ótimo livro sobre o evangelho, leia *The King Jesus Gospel*, de Scot McKnight (Grand Rapids: Zondervan, 2016). McKnight faz um ótimo trabalho ao desafiar os muitos conceitos errados sobre o evangelho, chamando-nos a repensar a mensagem básica de Jesus.
27. A exigência pode ser encontrada em muitos lugares da Torá, incluindo Êxodo 12:5; Levítico 1:3; Números 6:14.
28. João 2:13–17. A cena aparece em todos os quatro evangelhos. Sempre que a lemos, prestamos atenção. É como se Mateus, Marcos, Lucas e João se reunissem e dissessem: "As pessoas precisam saber disso".
29. Minha teoria sobre a obsessão dos *hipsters* por flanelas é que tudo remonta à escola dominical...
30. Alguns eruditos discordam e acham que a cena aconteceu antes, visto que, no Evangelho de João, encontra-se no capítulo 2. Mas a maioria dos estudiosos argumenta que o Evangelho de João não está em ordem cronológica e que os outros três evangelhos a colocam no final por ter sido uma das principais razões pelas quais Jesus foi preso e crucificado.
31. 1João 4:8.
32. Fui exposto pela primeira vez a esta ideia de que "nos relacionamos com os outros de forma consistente" em um livro chamado *The Relational Soul*, de Richard Plass e James Cofield (Downers Grove, IL: InterVarsity, 2014). Recomendo muito a leitura, especialmente se você estiver lidando com feridas de sua família de origem.
33. Chama-se *The Emotionally Healthy Church*, de Peter Scazzero (a edição atualizada foi publicada pela Zondervan em 2015) e é *fantástica*.
34. Tiago 1:19-20, grifo do autor.
35. Tiago 5:7, 8, 10, grifo do autor. A palavra grega empregada por Tiago para a ideia de paciência é *makrothymia*, sendo a tradução grega de *erek apayim*, ou "demorado para se irar".
36. Tiago 5:11, grifo do autor.
37. Tiago 5:9, ARA.

Capítulo 5: Cheio de amor e de fidelidade

1. Se você quiser saber mais, tenho um livro sobre o assunto. Chama-se *Loveology*.

(Eu sei, é uma combinação brega de palavras).
2. Daniel Block, *Judges, Ruth* (Nashville: Broadman & Holman, 1999), p. 634–5.
3. Salmos 89:1-2, grifo do autor.
4. Salmos 89:28, 33, grifo do autor.
5. Gênesis 12:2-3.
6. Leia Gênesis 17:1-8 para a história da mudança de nome de Abrão.
7. Gênesis 15:12-17.
8. Neemias 9:17, grifo do autor.
9. Neemias 9:32-33, grifo do autor.
10. Atos 3:25-26.
11. É por isso que Paulo chama Gênesis 12 de "evangelho antecipado", em Gálatas 3:8.
12. 2Timóteo 2:13.
13. João 16:33.
14. Mateus 6:10. Leia também Lucas 22:42.
15. Romanos 8:28. Observe que esta frase geralmente é citada de forma errada como "todas as coisas contribuem juntas para o bem". Não é o que o texto diz.
16. Isaías 54:2-3.
17. Provérbios 22:6.
18. Leia o relatório emitido pelo *U.S. Census Bureau* de 2011 para "Number, Timing, and Duration of Marriages and Divorces: 2009," 15, 18. Ele pode ser encontrado em www.census.gov/prod/2011pubs/p70-125.pdf.
19. 4.4, para ser exato. Cf. o artigo da *Forbes* por Jeanne Meister: www.forbes.com/sites/jeannemeister/2012/08/14/job-hopping-is-the-new-normal-for-millennials-three-ways-to-prevent-a-human-resource-nightmare.
20. A frase "longa obediência na mesma direção" vem, curiosamente, de Friedrich Nietzsche em seu livro *Além do Bem e do Mal*.

Capítulo 6. Contudo, não deixa de punir o culpado

1. Pense, por exemplo, em seu ensinamento em Mateus 5:17–19: "Não pensem que vim abolir a Lei ou os Profetas; não vim abolir, mas cumprir. Digo-lhes a verdade: enquanto existirem céus e terra, de forma alguma desaparecerá da Lei a menor letra ou o menor traço, até que tudo se cumpra; Todo aquele que desobedecer a um desses mandamentos, ainda que dos menores, e ensinar os outros a fazerem o mesmo, será chamado menor no Reino

dos céus; mas todo aquele que praticar e ensinar estes mandamentos será chamado grande no Reino dos céus".

2. Salmos 40:11, grifo do autor.

3. João 1:29, grifo do autor.

4. Miquéias 7:18-20, grifo do autor. Informação extra: o nome do profeta Miqueias significa "Quem é como Yahweh?", e o parágrafo que fecha o seu livro começa com a pergunta: "Quem é comparável a ti, ó Deus [...]?" (7:18). Um ótimo jogo de palavras de um profeta literário.

5. Douglas K. Stuart, em seu comentário *Exodus* (Nashville: Broadman & Holman, 2006), 716.

6. Mais uma vez, recorro à ESV para me socorrer. O problema é que a palavra *culpado* não se encontra no texto hebraico, mas apenas um verbo que significa "deixar impune".

7. Romanos 3:23, ARA.

* "American Civil Liberties Union" [União Americana pelas Liberdades Civis]. Embora seja apartidária, a ACLU é conhecida por seu envolvimento em casos emblemáticos da Suprema Corte dos Estados Unidos, suscitando, assim, controvérsias.

8. Amós 5:24.

9. Deuteronômio 24:16, grifo do autor.

10. Jeremias 24:16, grifo do autor.

11. Meu amigo, o Dr. Tim Mackie, foi o primeiro a apontar isso para mim, e discussões úteis podem ser encontradas em bons comentários de *Êxodo*, como os de Doug Stuart (Nashville: Broadman & Holman, 2006) e de Umberto Cassuto (Jerusalém: Hebrew University Magnus Press, 1967).

* No original, o autor faz menção específica da Lady Justice (ou "Blind Justice"), localizada Washington D.C., no Old Post Office Pavilion. A estátua se assemelha à do monumento da "Justiça", em Brasília, na Praça dos Três Poderes.

12. Tiago 2:13.

13. Esta é uma frase comum nos primeiros cinco livros da Bíblia: Êxodo 3:8, 17; 13:5; 33:3; Levítico 20:24; Números 13:27; 14:8; 16:13, 14; Deuteronômio 6:3; 11:9; 26:9, 15; 27:3; 31:20. A principal teoria é que "leite" significa uma boa terra para a criação de gado, enquanto "mel" significa que também era boa para a agricultura. Portanto, uma terra rica e fértil de oportunidades.

14. Números 14:4.
15. Números 14:10.
16. Gênesis 2:17.
17. Gênesis 3:4-5.
18. Há algum tempo, fiz uma série sobre a Bíblia chamada "Está Escrito", onde entro na Bíblia como literatura e Escritura e como ler passagens como Gênesis 3. Sinta-se à vontade para ouvir em http://bridgetown.church/series/it-is-written.
19. Números 14:11-12.
20. Números 14:13.
21. Números 14:17-19, grifo do autor.
22. Números 14:21,23,31-33, grifo do autor.
23. João 1:14.
24. João 1:29.
25. Cf. Hebreus 9:13 e 10:4.
26. Não é nenhuma surpresa que Jesus morra durante a festa judaica da Páscoa — na mesma noite em que o cordeiro pascal foi morto. Não se trata de algo aleatório ou acidental. Toda a cena está repleta de simbolismo. Jesus enquadra sua morte em torno da Páscoa. Ele é o cordeiro pascal — que está aqui para morrer no lugar de Israel, para que eles possam sair da escravidão para a liberdade.
27. Romanos 3:25-26.
28. Como disse o estudioso do Antigo Testamento Chris Wright, falando de Êxodo 34:6-7: "O paradoxo inerente a esta autodescrição, de que Yahweh é caracterizado pela compaixão, graça, amor e fidelidade, e ainda assim não deixa o pecado ficar impune, é apenas finalmente resolvido na cruz". A citação é de seu ensaio "Atonement in the Old Testament", em *The Atonement Debate*, ed. Derek Tidball *et al.* (Grand Rapids: Zondervan, 2008), 75.
29. Mateus 3:17. (Tradução literal)
30. Para um ótimo exemplo disso, leia Gênesis 22. Abraão não "derramou sua ira" sobre Isaque. Ele ama Isaque profundamente, mas está disposto a fazer o sacrifício definitivo. Felizmente, Abraão não precisou, mas Yahweh sim.
31. Hebreus 10:31.
32. Cf. o restante em Hebreus 12:4-13.
** Al Capone (1899-1947), gângster que liderou o "Chicago Outfit", um poderoso sindicato do crime organizado, durante a Lei Seca nos Estados Unidos. Condenado por evasão fiscal em 1931, cumpriu pena em Alcatraz até sua morte, em 1947.

33. Salmos 103:12, ARA.
34. Joel 2:12-14.

Epílogo: Ciumento

1. Êxodo 34:8, e o resto da história vem dos parágrafos seguintes do mesmo capítulo.
2. Êxodo 43:12-14, grifo do autor.
3. Aqui estão alguns exemplos: Deuteronômio 28:10; 2Crônicas 7:14; Isaías 43:7.

Uma lição prática: Contemplação

1. Tan Hwee Hwee, "In Search of the Lotus Land," *Quarterly Literary Review Singapore* 1, no. 1 (outubro de 2001), http://www.qlrs.com/essay.asp?id=140.
2. 2Coríntios 3:18.
3. 1Coríntios 13:12.
4. 2Coríntios 3:18, NVT, grifo do autor.
5. A Mensagem.
6. Tiago 1:19, ARC.
7. Andrew Newberg, *How God Changes Your Brain: Breakthrough Findings from a Leading Neuroscientist* (Nova Iorque: Random House, 2009), p. 3, 104.
8. Romanos 12:2.
9. Marcos 10:21.
10. João 1:18, ARC.
11. Romanos 12:1.
12. A. W. Tozer, *The Pursuit of God* (Harrisburg, PA: Christian Publications Inc., 1948), cap. 7.
13. Gerald G. May, *Will and Spirit: A Contemplative Psychology* (Nova Iorque: HarperCollins, 1982), p. 6.
14. M. Robert Mulholland Jr., *The Deeper Journey: The Spirituality of Discovering Your True Self* (Downers Grove, IL: IVP Books, 2006), p. 97.
15. Lucas 22:42.
16. Efésios 3:16-19.
17. James Hanvey, "Ignatius of Loyola: Theology as a Way of Living," *Thinking Faith*, 30 de julho de 2010, https://www.thinkingfaith.org/articles/20100730_1.htm.
18. Byung-Chul Han, *The Burnout Society*, trad. Erik Butler (Redwood City, CA: Standford University Press, 2015).
19. Mateus 11:29.
20. Salmos 1:1-3.
21. Romanos 12:2.
22. 1Coríntios 2:16.

Este livro foi impresso pela Lisgrafica, em 2025, para a
Thomas Nelson Brasil. A fonte usada no miolo é Adobe Caslon Pro corpo 12.
O papel do miolo é Pólen Natural 70g/m² e o da capa é Cartão 250g/m².